新时代教育评价改革研究丛书

学校增值评价
与学校改进

马晓强　著

XUEXIAO

ZEGNZHI PINGJIA

YU XUEXIAO GAIJIN

北京师范大学出版集团
BEIJING NORMAL UNIVERSITY PUBLISHING GROUP
北京师范大学出版社

图书在版编目(CIP)数据

学校增值评价与学校改进 / 马晓强著. —北京:北京师范大学
出版社,2024.1
(新时代教育评价改革研究丛书)
ISBN 978-7-303-28777-2

Ⅰ.①学… Ⅱ.①马… Ⅲ.①学校管理－教育评估－研究
Ⅳ.①G40-058.1

中国国家版本馆 CIP 数据核字(2023)第 021359 号

图 书 意 见 反 馈 gaozhifk@bnupg.com 010-58805079
营 销 中 心 电 话 010-58802755 010-58800035
北师大出版社教师教育分社微信公众号 京师教师教育

XUEXIAO ZENGZHI PINGJIA YU XUEXIAO GAIJIN
出版发行:北京师范大学出版社 www.bnupg.com
　　　　　北京市西城区新街口外大街 12-3 号
　　　　　邮政编码:100088
印　　刷:三河市兴达印务有限公司
经　　销:全国新华书店
开　　本:710 mm×1000 mm 1/16
印　　张:8.5
字　　数:137 千字
版　　次:2024 年 1 月第 1 版
印　　次:2024 年 1 月第 1 次印刷
定　　价:36.00 元

策划编辑:鲍红玉　　　　　　　　责任编辑:郭　瑜
美术编辑:陈　涛　焦　丽　　　　装帧设计:陈　涛　焦　丽
责任校对:丁念慈　　　　　　　　责任印制:马　洁　赵　龙

再版前言

　　学校评价改革无疑已成为当下重要而紧迫的教育问题，其重要性一直存在，而紧迫性在近年来特别是 2020 年 10 月中共中央、国务院印发了《深化新时代教育评价改革总体方案》后明显增强。《深化新时代教育评价改革总体方案》提到的 5 类主体、22 项重点任务中，学校评价改革承上启下，实为要害关键环节。因为学校是教育活动发生的场所，是党和政府领导教育工作、教师教书育人、学生全面发展、社会共同营造教育发展良好环境的实体环境和真实可见的客观存在，所以说教育评价改革成败的关键在于学校评价实不为过。

　　此方案中有新意地提出了四种评价方式，即改进结果评价、强化过程评价、探索增值评价、健全综合评价，其中增值评价应该是首次出现在中央文件之中，充分体现了其重要性，但"探索"二字又准确地传达了增值评价的不确定性。自 20 世纪 60 年代《科尔曼报告》发表以来，增值评价研究开始起步；20 世纪 80 年代以后，增值评价正式登场；20 世纪 90 年代，英国官方全面推进增值评价；进入新世纪以来，增值评价在全球范围内蓬勃开展。

　　在增值评价的发展应用过程中，中国教育界的跟进不算晚。至少从 20 世纪 90 年代开始，中国已陆续有公开发表的文章提及增值评价。本人所在的单位中国教育科学研究院，于 1996 年起与英国伦敦大学、布里斯托大学等共同进行中英"学校评价创新和改善学校教育质量的策略"合作研究。本人有机会作为 2005 年的合作成员参与项目研究，到布里斯托大学访学三个月，系统了解学习增值评价的多水平线性模型分析技术，并在《教育研究》上公开发表了基于保定市相关数据的增值评价实证研究文章。在北京师范大学进行博士后研究期间，本人又系统整理了相关研究，出版了《增值评价——学校评价的新视角》。

一转眼十年过去了，增值评价也已经从一个小众的研究课题进入大众视野，成为政策推进中的重要问题。十年间，中国的教育发展取得重大进展，世界范围内对增值评价的实践也在深入推进；从无到有，从小到大，中国的学校增值评价改革也呈快速跟进之势。十年间，我对增值评价仍持续关注，虽然偶尔也写一两篇文章，但更多的是学习了解同人的真知灼见。特别是当收到基层学校老师、校长们的来信或与他们面对面讨论时，迫切感受到他们对推行增值评价的渴望与期盼。

2022年初，北京师范大学出版社编辑来电，提出计划修订此书。按照要求，在不改动基本框架的前提下，我又增补了一些资料、更新了一些素材，当然也加入了一些个人的新思考。十年前的一本小册子，不敢说对推进增值评价的研究起到了多大作用，更大的意义在于：通过这本小册子的修订再版，可以折射出新时代中国教育对于公平和质量的迫切追求。在一个已将教育评价改革上升为全党、全社会共同意志的时代，积极探索增值评价不也正是新时代中国教育增值发展的生动反映吗？

教育评价事关教育发展方向，但教育评价改革也是公认的难题。2020年9月22日，习近平总书记在教育文化卫生体育领域专家代表座谈会上强调：构建符合中国实际、具有世界水平的评价体系。目标已定，所需要做的就是行动与坚持，正如增值评价所主张的价值观：最重要的是尊重每一个人，善待每一点进步。

马晓强

2022年5月

第一版序言

　　学校评价改革的目标究竟是什么？或者说理想中的学校应该是什么样的？不同的研究视角从学校的起源开始，就已经给出了诸多不同的答案。教育史研究的观点认为，社会分工发展到一定阶段后，为了更为有效地组织社会劳动，提高生产效率，一部分年老的智者或不从事狩猎等劳动的妇女专门承担抚育、教养下一代的工作，在专门的场所教授孩子们知识和技能，进而形成学校。从教育组织学科的角度看，学校是一个为了传承共同目标、形成基本价值、获得基本知识和技能的行为共同体。而制度经济学者更强调学校的出现是教育活动在成本和收益间权衡的结果，是社会分工提高效率的必然选择。

　　无论持何种观点，都必须面对和回答的一个核心问题是：作为一所学校，它对于学生的发展应该起到什么作用？实际起到了什么作用？更为简洁的表述是，如何看待学校在学生发展中的作用？对这一问题的讨论伴随了学校教育发展的整个过程。其中，教育万能论者们乐观地认为，学生是一张白纸，教育活动可以如其预想和规划的那样决定学生的未来。学校作为教育的主要承担者，不可避免地负担起了决定学生发展的责任。

　　但事实上是如此吗？同时入学的学生们迅速地分化，有的成绩好，有的成绩却很差，而有时这种差距似乎与学生父母的学历、学生的出生地等有很大关系。走得更远的是遗传决定论者，他们认为学生能学得好并不是由学校决定的，而是受学生的智力水平、心理素质等先天因素支配。

学校所能做的不过是将这些先天决定的差距在学习成绩上显现出来。于是，与教育万能论相对立，也出现了教育无用论、学校消亡论等主张，认为学校或教育是无关紧要的。

绝对的判断必然带来脆弱的结论，无论是教育万能论还是教育无用论都是如此。在这二者之间，无数的学者和课题都以学校对学生发展的作用为研究内容，试图获得更为精细和准确的结论。尤其是当制度性教育发展至今，学校教育似乎已成为教育的代名词，以至于每当教育改革和发展的关键时期，无论其主旨是教育质量还是教育公平，学校对学生的作用都成为全社会热烈讨论的焦点话题，与此相对应，不同的教育改革思路和路径也都投射出对此问题的不同思考和选择。

学校评价研究正是这种思考和选择的重要表现。评价是管理的重要环节，也是管理理念和思路的直接反映。特别是在现代社会中，评价越来越成为宏观管理的重要手段，管理部门试图通过更为简单和直接的方式，来掌握和评判社会事务的进展与成效。学校评价也正是学校管理和发展的有效手段，政府、家长和社会相关各方对学校的介入越来越频繁，对学校发展过程和绩效评价也愈加关注。无论是政府的督导，还是学校的自评和社会中介的评价，学校评价都已成为现代社会和教育管理中学校内部、外部了解学校的重要手段和方式。

学校评价的历史是一部学校改革和发展的思想演变史。不同的教育思想决定了学校评价的模式，也决定了学校评价的效果和功能。从关注结果到关注发展的思想转变导致了终结性评价向过程性评价的转型；从关注学校硬件条件向关注学生发展的转变导致了达标性评价向发展性评价的转型；关注个性、以人为本的教育思潮直接导致多元参与、共同建构的学校评价模式的诞生。当然，从另一角度来看，学校评价的实践也深刻地影响了教育思想变革的推进，特别是在关注学生发展的今天，学校评价改革与创新思潮日渐兴起。从所谓的第一代评价理论到第四代评价理论的发展脉络中，民主参与、注重学生发展、关注过程的现代评价理念逐步建立，也大大推进了教育管理和教育教学方式中更加强调对所有人的关心、对人的全面发展的关注。

在现代学校评价理论中，增值评价显现出的独特魅力得到了政府、社会、家庭和学校的关注。增值评价的核心思想是：监测和评价学校对学生进步幅度的影响程度。与传统的学校评价不同，它在技术上可以很好地实现对影响学校的因素进行精确测量，并可持续地进行影响学生发展条件的分析和调查，从而提高学校绩效，改善学校办学质量。

增值评价并不是突然出现的。增值(value added)一词早已是经济学中考察生产过程的常用词汇，但在教育评价特别是学校评价领域中的使用还是在20世纪80年代左右，发展至今已取得了较为丰富的研究成果。更为引人注目的是，在政策实施层面，它得到了越来越多国家的决策者、教育评价人员、学校管理者、教师和家长们的青睐。有人甚至断言：它是当前学校评价中最为精确的方法。[①] 英国、美国部分地区、法国、中国香港地区等都大力推进增值评价。当然，与任何一件新生事物的出现一样，反对和质疑的声音也从未停止。事实上，正是反对和质疑推进了增值评价体系改进，但也有一部分反对和质疑或是源于误解，或是因为反对者和质疑者所在的位置和所关心的局部利益。

面向所有学生，追求学生进步的教育思想和理念已成为当今世界教育改革和发展的共同目标。诸如美国的《不让一个孩子掉队》法案、法国的"为了全体学生的成功"、联合国教科文组织提倡的全民教育思想等，都是促进教育公平和教育质量的典型例证，中国也不例外。从中华人民共和国成立初期80%的人口为文盲到今天95%以上的人口有文化，我国的教育在极其薄弱的基础上全面实现普及九年义务教育，基本扫除青壮年文盲的历史重任。21世纪是新起点，当前我国正处于推进素质教育、提高教育质量、保障教育公平、建设人力资源强国的历史新时期。特别是在《国家中长期教育改革和发展规划纲要(2010—2020年)》颁布实施后，促进教育公平和提高教育质量已成为教育事业发展的主题。但如何去贯彻执行新的教育思想和发展规划？如何改革教育质量评价制度？一方面，需要不断提升教育思想和理念，让广大教师、校长和管理人员自主和自觉地在学校管理和课堂教学中去运用；另一方面，则需要有评价体系的创新，以新的评价体系来保障和促进新理念、新目标的可持续发展。因此，新时期、新形势对学校评价提出了改革和创新的新要求。

学校评价如何更好地推进和保障社会和教育发展目标的实现？这有赖于对评价体系反思、比较和借鉴的深度和广度。在世界发展趋势和面临问题趋同的今天，教育要面向现代化、面向世界、面向未来。尊重多元的文化背景和共享发展经验和文明成果应是教育研究的基本路径，借鉴和学习国外先进的学校管理和评价经验是必要的。因此，系统介绍国外学校增值评价的基本做法，剖析其实施的深层次背景和经验教训，结合我国的国情和教情，基于已有研究和地

---

① Lesley Saunders, "A Brief History of Educational 'Value Added': How Did We Get To Where We Are?" *School Effectiveness and School Improvement*, Vol. 10, No. 2, 1999.

方实践探索，提出具有一定现实意义的政策意见和建议，正是撰写本书的初衷和目的。通过本书，希望读者能对增值评价理念有较为清晰的认识，能初步了解增值评价的技术路线，能对通过增值评价推进国内教育公平和提高国内教育质量形成一些共识，进而共谋构建增值评价的政策设计，共同为中国的教育改革和发展特别是学校评价制度的改革贡献力量。

2013 年 6 月

目　录

第一章　学校评价体系发展简史 …………………… 1
　　第一节　从"终结"到"发展"的学校评价
　　　　　　理论变迁 …………………… 1
　　第二节　评价什么？由落实政府职责转
　　　　　　向关注学校绩效 …………… 8
　　第三节　学校评价的组织实施体系 …… 13

第二章　我国学校评价面临的改革和挑战 ……… 16
　　第一节　注重公平："差学校"为什么不
　　　　　　服气 …………………… 16
　　第二节　强调质量：为什么教育质量评价
　　　　　　举步维艰 …………… 19
　　第三节　推进素质教育：对我国现行学校
　　　　　　评价体系的时代要求 ………… 23

第三章　学校增值评价：是什么和为什么 ……… 28
　　第一节　学校增值评价的起源：《科尔曼
　　　　　　报告》 …………………… 28
　　第二节　学校的使命：寻求学生最大幅度
　　　　　　的增值 ………………… 34

第三节 增值评价技术和方法 ·················· 39

第四节 增值评价的再评价：优势与不足 ·········· 46

第四章 学校增值评价的实践：国际趋势和国内探索 ·········· 51

第一节 推行增值评价的国际共识 ·············· 51

第二节 增值评价的实证研究：以保定市普通高中

学校为例 ························· 58

第三节 增值评价的实践探索：两个区的实验研究

分析 ·························· 66

第五章 构建适应我国国情的增值评价体系 ·········· 72

第一节 建立学生学业成就测评体系：学校增值评价

的基础 ························ 72

第二节 建立符合增值评价需要的保障体系 ·········· 84

第三节 在我国建立增值评价体系的若干建议 ········· 88

第六章 以增值评价促进教育卓越 ·············· 92

第一节 教育公平和质量：从对立走向融合的必然

和挑战 ························ 92

第二节 以增值评价促进教育公平和提高教育质量 ······ 97

参考文献 ························· 104

附　录 ····························· 106

后　记 ····························· 127

第一章 学校评价体系发展简史

为什么要进行学校评价？学校评价的功能和目标何在？进一步变革是必要的吗？改进和完善的方向是什么？只有在基本厘清这些问题的基础上，才能对学校评价改革的必要性和必然性有更为清晰的认识和判断。

从一般构成要素来看，学校评价体系至少包括三个方面：理论体系、指标体系、组织实施体系。本章从此三方面入手，选择英国、美国、日本等在学校评价方面做得较好的国家和地区进行简要的比较研究，并结合实际讨论对我国的借鉴和启示。

第一节 从"终结"到"发展"的学校评价理论变迁

即使在评价已成为教育管理基本内容的今天，质疑评价的声音仍未停止过。反对意见认为评价没有实际意义，而更多的反对意见则认为评价是低效的，是事后诸葛亮，并且往往是劳民伤财，得不偿失。在学校评价中，此种意见也广泛存在，特别是一些存在争议的评价行为，往往导致社会对学校评价意义和目的的质疑。那么，学校评价是如何产生的？它是客观存在的，还是可有可无的？针对此问题，首先有必要对学校评价的背景和发展过程进行梳理和分析。

学校评价是社会发展的必然产物，是学校管理的内在需求。管理是管理者通过计划、组织、指挥、协调和控制等措施实现预定目标的一种行为，现代学校管理的出现是工业文明的产物，反映了工业社会强调规模和效率的内在要求。在20世纪30年代以前，学校规模相对较小，学校管理更多地表现为以学校内部的自我管理为主。随着社会发展，包括学校在内的社会公共服务获得飞速发展，学校经费支出已成为社会公共财政支出的重要内容，在许多国家和地区是国家财政支出中最大的部分。由于花费巨大，从政府到社会各界都想知道"结果如何""钱花得值不值"。因此，在科学管理和绩效问责的压力下，要求采用计划、预算、质量管理、责任、成本—效益分析之类手段和工具作为学校管理改革的重要内容和方向。政府和社会各界力求通过学校评价，判定学校教育教学目标和效果达到的程度，并决定学校是否应该继续存在、如何改善、是扩展规模还是缩减规模等重大问题；学生和家长希望借助学校评价，清晰了解学校的办学水平和教育质量，以作为选择学校的重要依据。

自从学校评价的需求产生以来，经过不断的实践探索，对学校评价的认识不断深化，学校评价理论也在不断地演变和发展。其中，学校评价基本理论的发展过程与教育评价理论的发展过程是一脉相承的。因此，在评述学校评价理论发展时，我们仍然沿用教育评价理论发展的脉络。

评价是指主体按照一定的标准对客体的价值进行判断的活动过程。在教育评价领域，对于教育评价没有一个统一的定义。部分学者将评价作为一种活动过程，如美国的泰勒从课程评价角度认为评价过程在本质上是确定课程和教育大纲在实际上实现教育目标程度的过程，美国的克龙巴赫则认为评价是为作出关于教育方案的决策收集和使用信息。斯塔弗尔比姆认为评价是为决策提供有用信息的过程。部分学者更多地强调评价的方法和技术功能，如日本的长谷川荣认为，教育评价就是系统地、有步骤地从数量上测量或从性质上描述儿童的学习过程与结果，据此判定是否达到了所期望的教育目标的一种手段。[①] 在英国，评价是指对课程内容进行的价值判断，评定则被特别用来评价学生的达到程度。日本学者区分了评定与评价：评定是指通过多视角、多种评价方法收集评价资料；评价是指运用评定得到的资料对照教育实践的目标对达到程度进行价值判断，并且根据这种价值判断提出改善的方案。[②]

虽然在教育评价的概念上存在分歧，但对教育评价理论的发展历史存在基本的共识。一般来说，教育评价的发展可以分为四个时期。

一、教育评价的"测量"时期：桑代克宣言

自学校教育产生以来，就有对教育评价的论述，但我们所说的现代教育评价应该追溯到 19 世纪末至 20 世纪 30 年代在西方国家兴起的近代教育测量运动。在这一时期，为改革传统测试命题缺乏客观依据的弊端，以法国的比纳（A. Binet，1857—1911）和西蒙（T. Simon，1873—1961）为代表的心理学家开始致力于科学测量研究，试图对社会事物进行所谓的客观测量。1904 年，美

---

① 王景英主编：《教育评价理论与实践》，4 页，长春，东北师范大学出版社，2002。
② 参见[日]田中耕治：《教育评价》，高峡等译，北京，北京师范大学出版社，2011。

国心理学家和实验教育学派的权威和代表人物桑代克（E. L. Thorndike，1874—1949)编辑出版《心理与社会测量》，系统介绍了心理统计活动和测量编制的基本原理，标志着教育测量走上了科学化的道路。桑代克在智力测验的基础上创造了成绩测验（Achievement Tests)量表，因此他也被认为是教育测验的鼻祖。他甚至宣称：一切事物都是客观存在的，凡是客观存在的都是可测的，因此一切事物都是可测的。但是，单纯的教育测量并不能全面反映客观事物的全部：它可以测量学生的知识，却难以衡量学生的学习态度、兴趣；它有利于对学生掌握大规模知识的情况进行量化分析，却容易引导学生死记硬背；它有利于记录学生学习成绩等数据，却不能有效地分析教育管理、教育文化等因素。因此，需要拓展教育测量的范围，深入和全面地分析各种影响因素。教育评价呼之欲出。

二、教育评价的出现——泰勒的"八年研究"

泰勒（R. W. Tyler)的"八年研究"（The Eight-Year Study)的背景是美国社会对进步主义教育（Progressive Education)理念的质疑和不信任。成立于1919年4月4日的进步主义教育协会（Progressive Education Association，PEA)主张：学生有自然发展的自由；兴趣是全部活动的动机；教师是一个指导者，而不是一个布置作业的监工；进行有关学生发展的科学研究；对儿童身体的发展应给予更多的关注；适应儿童生活的需要，加强学校与家庭之间的合作；在教育运动中，进步学校是一个领导。①

1929年美国经济危机的出现导致人们开始对学校教育目标进行反思，批评的焦点正是当时最为盛行的进步主义教育思潮，要求教育回归传统、主张传授高深学问而不是一味迁就学生兴趣和社会当前潮流的声音越来越多。随后的批评进一步聚焦美国高中教育的课程教学改革，变革者要求高中恢复系统的课程教学、对学生进行科学的逻辑和理论训练，主张大学与高中之间的区别是成年人与未成年人之间的本质区别，大学要用系统、全面、理性的知识选拔学生。从中学和大学间的对立来看，当时美国的中学实行进步主义教育所宣扬的面向生活、面向学生活动的课程和教育体系，而大学则推行理性的学术价值取向。

面对这种指责，进步主义教育所能做的事就是要证明接受进步主义教育的学生进入大学后仍能完成学业并取得成功。为此，进步主义教育开始了著

---

① 赵祥麟主编：《外国现代教育史》，上海，华东师范大学出版社，1987。

名的"八年研究"。1930 年 4 月，200 名代表聚集在美国首都华盛顿讨论美国
的中学如何更好地为所有年轻人服务，与会的代表中包括有丰富经验的校
长、刚出校门的年轻教师、家长等。会议最终决定建立一个包括中等学校和
大学的委员会，探索建立一种有效协调机制来改革中等学校。委员会于
1930 年 10 月建立，经过一年多的研究后，发表了一个声明，指出美国中等
教育中存在的诸多不足：第一，中等教育没有一个明确的、界定清楚的和中
心的目标；第二，中等学校没有教会孩子们如何真正成为一个美国人；第
三，中等学校没有为学生承担社会生活的责任提供充分的准备；第四，高中
的学习难度偏低，很少对学生的能力形成挑战；第五，中等学校对学生所知
甚少，也不能很好地指导他们；第六，中等学校没有为有效学习创设必需的
条件等。为此，委员会提出实施课程改革，并相应地要求对课程改革目标的
实现程度进行评价。

委员会按照学校的性质、规模和区域代表性，在美国的中学中选出 30 所
开展进步主义教育的实验学校进行课程改革实验。实验学校的毕业生可以免试
进入全美的约 300 所学院和大学。将这些免试入学的学生与通过考试入学的其
他学生进行对比，比较研究课程改革的实际效果和目标达成程度。

委员会授权由泰勒组织的评价委员会在 7 所大学和 30 所中学进行实验研
究，时间为 1933 年到 1940 年，这就是教育评价发展史上著名的"八年研究"。
1942 年，他们发表了"八年研究"报告，其中确立的理论和方法后来被称为"泰
勒原理"（The Tyler Rationale），其主要内容包括以下 4 个方面：目标的选
择——学校应为实现什么样的教育目标而努力；学习经验的选择——实施什么
样的教育才能实现这些目标；学习经验的组织——怎样有效地组织教育经验；
结果的评价——是否实现了这些教育目标、如何判断。[①] 其中最核心的结论之
一是：正是由于美国教育缺少明确的、界定清楚的和中心的目标，导致了美国
课程改革和教学的效果不佳。在此报告中，他们开创性地提出并使用"教育评
价"（Educational Evaluation）这一术语。正因如此，这一报告也被称为"划时代
的教育评价宣言"，宣告了教育评价时代的开始。

三、教育目标分类研究的高峰——布卢姆认知领域教育目标分类

根据"八年研究"报告的结论，美国教育改革的第一步就是设定教育目标，
评价的作用就在于分析评价教育目标的实现程度。在此改革理念的指引下，美

① ［日］田中耕治：《教育评价》，高峡等译，北京，北京师范大学出版社，2011。

国芝加哥大学布卢姆（Benjamin S. Bloom，1913—1999）教授等人从 1948 年开始围绕教育目标分类进行研究，并于 1956 年完成了认知领域教育目标分类工作，将认知领域内的教育目标从低到高分为六级：①知识。指先前学习过的材料的记忆，包括具体事实、方法、过程、理论等的记忆。②领会。指能把握材料的意义。③运用。指能将习得的材料应用于新的具体情境。④分析。指能将整体材料分解成它的构成成分并理解组织结构。⑤综合。指能将部分组成新的整体。⑥评价。指对材料作价值判断的能力，这是最高水平的认知学习结果。1965 年由克拉斯沃尔（D. R. Krathwohl）负责编制完成情感领域的教育目标分类，辛普森（E. J. Simpson）等 1972 年编制完成动作技能领域的教育目标分类。

教育目标分类对推进教育评价起到了至关重要的作用。正是由于教育目标分类的出现，教育评价才取得了其作为一个专门学科和研究领域的地位，也才第一次与教育测量真正区分开来。在布卢姆的认知领域教育目标分类理论之后，又出现了加涅的五分类（言语信息、智力技能、认知策略、动作技能和态度教育目标分类）以及比格斯（Biggs）教授倡导的学习目标评价模式。学习目标评价模式将学生学习的结果由低到高分为五个不同的思维层次，即：前结构（prestructural）、单点结构（unistructural）、多点结构（multistructural）、关联结构（relational）、拓展抽象结构（extended abstract）。

四、多层次、全面的教育评价——多种评价模式的兴起

设定教育目标、分析目标达到程度的评价模式随后也带来诸多的不同意见。批评者认为教育目标的设定是先入为主的，什么是合理的教育目标并无客观标准，不同主体设定的教育目标将导致完全不同的评价结果。并且其不考虑评价过程，只注重结果的达到程度，必将导致评价行为的急功近利，不可能全面地了解和评价教育发展变化历程，也不能很好地指导评价对象的改进和发展。

反思和质疑又一次推动了教育评价理论的发展。在 20 世纪 50 年代之后出现了多种新的评价理论和评价模式，试图校正和修补目标达成评价模式存在的不足，斯塔弗尔比姆（D. L. Stufflebeam）提出的 CIPP（Context-Input-Process-Product，背景—投入—过程—产出）模式是这一时期的代表。CIPP 模式是在美国 1965 年《中小学教育法案》要求下产生的，为改进弱势群体教育状况，此法案向美国各学区提供资金资助，但要求对资助的效益进行评价。在各种评价方案中，CIPP 模式是对教育活动的背景、信息的输入、教育过程及结果给予

全面的评价,从而赢得了人们的广泛注意。同时,斯塔弗尔比姆所强调的看法"评价最重要的意图不是为了证明,而是为了改进"也得到了教育界的广泛支持。

1973年,斯塔克(R. E. Stake)在肯定评价是一种价值判断的基础上提出了应答评价模式:如果教育评价更直接地指向方案的活动而非方案的内容,如果它能满足评价听取人对信息的需求,或者在反映方案得失长短的评价报告中更能反映人们不同的价值观念,那么,这种评价即可称为"应答评价"。① 应答评价模式的主要特点是以问题特别是直接从事教育活动的决策者和实施者所提出的问题作为评价活动的基础,通过评价者与和评价有关的各方面人员之间的持续不断的"对话"了解他们的愿望,对教育的方案作出修改,对大多数人的愿望作出应答,以满足各种人的需要。斯塔克认为,解决教育问题只有依靠那些直接接触问题的人,教育评价应有助于改进工作,应运用非正式的观察、交往等描述性的定性分析方法,以弥补传统实验和标准化测验的不足。此外,还有目的游离模式、医疗评价模式等,都从不同侧面丰富了对教育评价的认识。

五、第四代评价——教育评价的新起点

20世纪80年代,以美国印第安纳大学教育学院教授库巴(E. Guba)和林肯(Y. S. Lincoln)出版的专著《第四代教育评价》为标志,第四代评价理论诞生了。第四代评价对评价的本质进行了有益的探讨,提出了"共同建构""全面参与""价值多元化""评价中的伦理道德问题"等观点。正是在第四代评价理论的影响下,20世纪90年代初,发展性评价的思想最先由英国开放大学教育学院的纳托尔(Latoner)和克利夫特(Clift)提出,其主要特点是强调评价对象对自身发展过程的认识,通过现状与过去的比较了解优势与不足,从而能够发现自身潜力、明确发展目标,以追求更快更好的进步。

除按发展时间划分为四个阶段外,根据不同的分类依据,教育评价又被分为多种形式。例如,从评价标准上看,教育评价可分为三类:目标参照性评价(criterion-referenced assessment)、常模参照性评价(norm-referenced assessment)、个体参照性评价(individual-referenced assessment);从评价对象和层次上看,可分为宏观评价和微观评价;从评价内容上看,可分为单项评价和综合评价。针对标准化考试中为考而考的形式化测评,威金斯(G. Wiggins)提出

---

① 王致和主编:《高等学校教育评估》,北京,北京师范大学出版社,1995。

了真实性评价。他认为，所谓真实性评价就是成年人试图把工作中、社会生活中以及个人生活中的真实状况刻画出来，主张评价要基于建构主义的学习观，要让学生和家长"共同参与"，着力解决现实中的教育问题。

在众多的评价分类中，最常见的是依据功能将评价分为两类：形成性评价（formative evaluation）和总结性评价（summative evaluation）。形成性评价是指在教育活动过程中不断了解活动进行的状况，为活动提供反馈信息，以便能及时对活动进行调整，提高活动质量的评价。一般说来，形成性评价不以区分评价对象优良为目的，不重视对评价对象进行分等鉴定。与形成性评价相对应，总结性评价是在教育活动发生后关于教育效果的判断，往往与分等鉴定、教育资源分配的决策相关。有学者形象地将二者进行比较：形成性评价就是厨师本人在品尝汤的味道，而总结性评价则是客人在品尝汤的味道。不过，最早提出形成性评价概念的斯克里温（Scriven，1967）认为：在形成性评价与总结性评价之间没有逻辑与方法论上的差别，同一评价在一个需求者看来是形成性的，而在另一个需求者看来却是总结性的。布卢姆则认为，形成性评价与总结性评价在方法、目的上是有区别的，当评价教育活动效果的总结性评价也含有找出问题及其原因的成分时，它便带有形成性评价的因素。但形成性评价不宜与总结性评价结合，"教师可能会希望从一次考试中同时得到两种评价，但这有一种危险，因为这样一种结合带给学生的信息与单单一次形成性测试带来的信息不同。形成性测试必须不带有任何要评定成绩的联想，这样学习者才不至于害怕，而是把形成性测试看作对学习的一种帮助"。[①] 布卢姆认为，相对于"机会平等"，更应该强调"结果平等"，为此他提出基于目标的学习理论，即完全掌握学习，在评价上则突出形成性评价。此外，布卢姆在形成性评价和总结性评价之外新提出诊断性评价，主张在教学活动开始之前对学生的知识、技能以及情感等状况进行预测，以了解学生的知识基础和学习准备情况，为因材施教提供依据。

在遵循教育评价基本理论的同时，学校评价理论还有其自身的独特性。学校评价是教育评价的主要组成部分。学校是组织实施教育教学的场所，在通常意义上与教育具有同等的含义，因此教育评价的基本理论也是指导学校评价活动的基本准则。但在具体的评价活动实践中，学校评价是教育评价的具体化。按评价对象划分，教育评价包括学校评价、教师评价、学生评价、政府履行教

---

① 王景英主编：《教育评价理论与实践》，43 页，长春，东北师范大学出版社，2001。

育职责评价、社会单位用人评价等内容。在分析英、美、日等国家的学校评价时可以看出,不同层级的学校如小学、初中、高中,不同类型的学校如民办和公办学校,均采用同一套评价指标体系。虽然在涉及学生发展水平的具体观测点上存在不同的要求,但在大的指标项目上是相对一致的。

具体到学校评价理论,也相应地存在终结性评价和发展性评价两大基本范畴。应用发展性评价模式评价学校时,遵循自主规划—主动发展—寻找差距—分析原因—促进发展的评价流程,将学校绩效进步作为评价标准,将学校在一段时期内的各方面工作成就与过去状况进行比较,衡量其进步情况,以发展为导向,鼓励学校挖掘潜能、不断提升,从而调动各个部门和人员的积极性,做到全员参与、全程参与,而对评价指标的完整性和精确性不作过多要求。其目的不是判断和鉴定学校现状,而是寻找能使每个学生达到可能达到的最高学习水平的学习条件。从世界范围内的学校评价理念来看,发展性评价理论已成为指导各国制定学校评价方案的普遍选择。英国依据2005年《教育法》制定的学校督导评价方案中,明确指出其评价学校的目的在于对学校自评和改进的鼓励,强调在督导前、中、后全过程中都必须重点考虑社区、家长、学生等各相关方的全面参与。日本在其战后的学校评价方案中也明确提出:其指导主事(相当于我国的督学)在学校访问的目的是向学校提出指导和建议,与教职员一起找到实践性的解决方法和途径。美国的学校评价方案也明确提出将促进学校的发展和改进作为学校评价的根本目的,并实行多元参与的督导评价机制。

第二节　评价什么？由落实政府职责转向关注学校绩效

学校评价指标体系集中反映了学校评价的内容要求。评价指标体系的变化是多方因素共同作用的结果,反映了经济社会发展对学校发展的新要求和提出的新方向。

一、评价指标体系的基本框架

指标是对社会现象和客观事物总体数量的概括和集中反映,是用于衡量总体数量的单位和方法。指标具有四个基本特点:一是替代性。指标不是社会现象和客观事物本身,而是反映社会现象和客观事物本质特征的替代物。一个好的指标应充分反映社会现象和客观事物的最主要特征。二是具体性。指标是对具体事物的明确规定,将理论、规划、方针、目标、计划、政策等落到实处。

三是可测性。研制指标的基本目的就是把复杂的社会现象数量化。四是导向性。指标是指引人们认识、了解事物的标识。在英文中，"指标"（indicator）有"指示器、指示剂"的含义，人们可以依据指标及其标准来判断社会现象和客观事物的现状和发展趋势。

指标体系包括指标项目、指标权重、评价标准、计量方法、数据采集方法、指标的分解等要素。指标项目集中反映了评价指标体系的评价内容；指标权重反映各指标项目的重要程度；评价标准衡量评价对象达到指标所要求目标的水平；计量方法说明指标数值的计算、合成过程和程序；数据采集方法标示指标所指的数据如何通过统计、问卷调查、访谈等方法获取；指标的分解则是表示指标进一步拆分的维度，如分城乡、分性别、分区域等。

二、学校评价指标体系的特点

由于学校评价的特殊性，其指标体系的设计有自己的特点。

第一，学校评价指标体系是对学校各方面情况的综合评价，包括学校管理、资源投入、教育教学过程、教师发展和学生学业成就等维度。近年来，随着对学校与社会的关系的认识深化，对学校与社区、学校与家庭等关系的考察也成为学校评价的重要内容，评价指标项目也相应地增加。

第二，反映学校机构成效的指标是其核心。与其他评价相比，学校评价最大的不同在于它是对机构和组织的评价，具有特定的内涵及边界，即它是将学校作为一类组织机构，考察其管理水平、运行效率、组织机制和产出质量。学校评价的对象只能是作为组织机构形态的学校本身，而不是学校内部的校长、教师和学生。在学校评价中，对校长、教师和学生的考察服务于对学校进行评价的需要。

第三，学校发展阶段和目标定位决定了指标体系设计的现实需要。早期的学校评价的主要任务是确保学生能够到校学习，学校能够正常办学，有足够的办学条件和办学经费等。学校评价指标也就是学生的数量、学校的设施设备情况、经费的多少等。在条件和经费基本有保障后，学校教育的工作重点就是提高教育质量和关注教育公平，因此，学生学业成就和发展水平、入学机会等方面的指标成为评价的重点。

第四，家庭和社会的关注是指标体系变革的强大动力。随着社会经济和教育事业的进一步发展，教育经费支出已成为第一大公共财政支出，对教育质量、教育效果的问责之声必然越来越高，学校发展和改革将越来越感受到来自社会问责的强大压力。社会和家庭越来越关注学校的效率、效益等问题，即如何充分发挥学校办学资源，以尽可能少的投入完成既定目标，或者在完成既定目标时消耗尽可能少的资源。因此，近年来关注绩效、强调问责已成为学校评价指标设计的重要内容。

三、学校评价指标体系的发展趋势

学校评价指标体系发展趋势，主要表现出以下特点。

（一）从重视硬件设备达标到强调学校绩效提升

世界范围内对学校的评价都经历了从重硬件到重软件，进而强调学校绩效的发展趋势。这种趋势是伴随着各国社会经济发展水平、教育投入水平以及人们对学校功能、性质和作用认识的不断变化而变化的。在 20 世纪 70 年代以前，大多数发展中国家讨论学校教育质量时，主要考虑的是入学率的问题；70年代中期到 80 年代初，学校评价仍聚焦办学条件；到了 80 年代后期到 90 年代初，包括发达国家在内，对教育质量的讨论转移到应该为学生规定什么标准即学生究竟学到了什么的问题上。[1] 如英国对学校的评价在 20 世纪 80 年代时还强调教育资源的提供，考察学校是否有足够的教学仪器和图书等；从 90 年代以来，学校评价指标已转向对资源利用效率的考察和评价。[2]

（二）从专项评价到评价内容系统化

随着学校评价理论的发展，学校评价指标也从对学校某一方面的描述转化为综合化、系统化的价值判断。例如，19 世纪中期英国学校督导评价内容是从督导教育经费开始的，随后陆续开展了教师、办学条件等专项督导。在 20世纪 90 年代以前，英国的学校评价已进入全面督导时期，包括学校生活、学校管理、校舍和资源利用、课程、教师、学校组织、特殊教育、课程、学校评价等共 12 类。

20 世纪 90 年代以来，英国苏格兰地区的学校评价开始建立以学校自评为基础的评价体系。2002 年，其学校评价指标包括课程、学校总体成就、学与教、对学生的支持、学校风气、资源和空间的组织和利用、学校管理、领导和质量保证等。2007 年，英国苏格兰地区发布学校质量自评报告框架，从学校的服务和功能出发，将其质量指标体系分为成功与成就、工作与生活、视野与领导力三类，包括学校的绩效结果，对学生、家长和家庭的影响，对教职工的影响，对社区的影响，教育教学过程，学校团队建设，学校规划，资源利用，

---

① 参见冯之浚等：《现代教育》，171 页，杭州，浙江教育出版社，1999。
② 参见王璐：《英国教育督导与评价》，122～145 页，太原，山西教育出版社，1992。

领导力 9 方面 30 项指标。2015 年进一步精简学校质量指标体系，分为领导与管理、学习准备、成功与成就三类共 15 项指标。

中国香港学校评价指标也称为"香港学校表现指标"，主要参考了英国的学校评价指标体系，并依据本地实际作了一定程度的修订。2002 年首次推出，2008 年进行修订。为与 2015 年香港地区实施的学校发展与问责架构相协调，2016 年再次进行修订。修订后的指标体系涵盖学校工作的四个主要范畴，包括"管理与组织""学与教""校风及学生支援"和"学生表现"，各范畴再按类递进至范围、表现指标和重点。"管理与组织"中包括 6 项指标，涉及学校的策划、推行、评估、领导与监察、协作与支援、专业发展；"学与教"中包括课程组织、课程实施、学习评估、课程评鉴、学习过程、学习表现、教学组织、教学过程、回馈跟进；"校风及学生支援"中包括学生成长支援、学校气氛、家校合作、对外联系；"学生表现"中包括学生情意发展和态度、群性发展、学业表现、学业以外表现。

进一步考察可以发现，学校评价各项指标间联系越来越紧密，大都可归入指标体系设计中的 CIPP。例如，中国香港的学校评价指标体系明确指出："管理与组织""学与教"和"校风及学生支援"范畴内的指标统称为过程指标，用以评价学校能否提供合适的学习环境以发展优质教育；而"学生表现"范畴内的指标则称为产出指标，用以反映学校教育的成效。在评价学校作为一种组织机构的绩效表现时，四个范畴相互关联、互为影响，并与其他背景因素（如家庭和社会）有密切关系。

（三）以学生学业成就作为学校教育质量督导评价核心内容

重视质量，强调学生学业成就已成为世界范围内学校评价的核心。在强调学生多元发展、全面发展的同时，国外的学校评价更多地将教育质量定位于学生的学业成就测评上，并通过改革学业成就测评模式，更多地关注学生的问题解决能力和学习素养，同时注重在测评项目中投射学生的情感、态度等非智力因素，来反映学生的发展质量。可以说，国外的学校评价特别是教育质量评价是在一整套学生学业测评体系的基础上建立和发展起来的。

以美国蓝带学校评选为例，在 2002 年美国的《不让一个孩子掉队》法案颁布实施之前，其评选标准有八条：对学生的重视与协助；学校组织与文化；挑战性的标准与课程；主动的教学和学习；专业社群；领导及教育活力；学校—家庭—社区伙伴关系；成功的指标。成功的指标包括：学生在学业成就测验上的表现；师生出席率；学生毕业后的出路；学校教职员和学生的获奖情况。

《不让一个孩子掉队》法案中明确提出：学校的目标必须明确、便于测评，并以基本技能和必要知识为重点。此要求在布什政府制订的新的蓝带学校评选指标中得到充分体现，学校的管理水平、办学条件、教师的教学过程等都不再是评选中关注的领域，决定性的指标就是学生的学业成就水平。

此外，英国评价学校教育质量时，是以统一组织实施测试的学生学业成就作为核心指标。并以此为基础，以所有学生的学业进步幅度来计量学校对学生发展的增值作用的大小，作为评价学校教育质量的指标。

（四）从公平与质量"二选一"到强调二者融合

教育公平与质量同经济发展中的公平与效率一般，经常被置于不得不面临的非此即彼的地位。但 20 世纪 80 年代以来，强调二者融合的趋势越来越明显，推进教育公平、提高教育质量已成为当今世界各国教育发展的共同目标。保障公平和追求卓越是教育发展的两个维度，二者缺一不可，公平的教育必须是高质量的教育。每一个学生都应有同等机会享受优质教育资源，每一个学生在学校都应接受好的教育，每一个学生都应被教好。

学校评价指标体系的变革深刻地反映了这一现实要求。例如，美国蓝带学校评选是由美国联邦教育部 1982 年提出的，其目的是评选全国办学最成功的学校。评选对象为美国的公立和私立中小学，获奖学校将被授予"国家蓝带优秀学校"称号，悬挂蓝带学校旗帜，并派代表去华盛顿出席颁奖仪式。评奖每年举行一次，截至 2020 年已有 9000 多所学校获得此奖。

蓝带学校评选以兼顾公平和质量为基本理念，由各州向联邦教育部提交候选学校名单。以公立学校为例，各州的提名须满足两个条件。第一，要求各州关注弱势群体，各州提交的公立学校参评名单中，至少要有三分之一的学校满足学校内有不少于 40％的学生为来自低收入或移民家庭等弱势背景的条件。第二，强调被提名学校的高质量标准，具体包括两个要求：一是学校的学生测评成绩要足够好，例如学习成就在州内名列前 15％；二是学生间测评成绩差距明显缩小，例如按学校类型分组比较，学生间测评成绩缩小的幅度在州内名列前 15％。只要满足这两个质量标准中的任意一个，即可获得提名。美国私立学校协会负责推荐私立学校。联邦教育部将依据各州学生规模决定各州的提名数量，所有学校 5 年之内只可被提名一次。

第三节　学校评价的组织实施体系

学校评价要取得实效，关键在于科学民主的组织实施体系，包括学校评价人员、程序与方法、组织机制、结果使用等内容。

一、专业的学校评价队伍

学校评价的权威性来自于科学性，而其科学性必须依赖于一支专业化的评价队伍。英国教育标准局是英国政府实施教育督导的专门机构，对学校工作的督导评价是其重要职责内容，它所领导的英国学校督导队伍一直是各国学习的典范。英国学校督导队伍主要由国王督学、补充督学、注册督学、督学小组成员和外行督学等人员组成。国王督学和补充督学是督导队伍中的高级管理人员，国王督学由英国国王任命，补充督学由首席督学选任，二者负责督导工作领导、规划和管理；注册督学、督学小组成员和外行督学是具体负责学校督导评估业务的专业人员。

随着对督导任务的认识不断深化，对督学人员具备学校教学和管理工作经验和其他专业技能的要求也越来越高。特别是在 20 世纪 80 年代以后，督学人员的地位得到较大提高，其素质要求也相应提高。在招聘国王督学时，要求达到以下标准：①在某一专业学科领域达到较高水平，要求具有大学本科学历或硕士学位；②除一门主要专业外，还必须有一门次要专业，在实际工作中，要有同时督导两方面工作的能力；③要了解教育发展的基本问题和最新趋势；④具有某一方面教学经验和出色的教学能力，要求至少有 10 年教龄；⑤良好的个性品质；⑥较强的文字工作能力；⑦迅速适应新环境的能力。对其他督学人员也有较高的能力和素质要求。① 一旦录用，教育标准局需要督学人员得到合适的培训并达到特定标准，且在工作期间仍然需要继续接受专业发展培训以确保他们的督导技能。英国督导的权威性来自督学人员的专业性和高素质，特别是学校督导评价中一些需要专业判断的问题，更需要督学人员的专业素质、敏锐的观察和丰富的经验。例如，对学校学习风气的判断，就需要督学人员对学校内校长、教师和学生的学习态度、学习氛围和学习环境进行深入的现场观察，并充分分析各种表层问题，提出有针对性的改进意见。

---

① 参见王璐：《英国教育督导与评价：制度、理念与发展》，北京，高等教育出版社，2010。

二、程序与方法的规范和标准化

督导评价并不是对学校的简单测量，还必须依赖专业督学人员的主观判断。任何督导评价结论除了需要有数可查、有据可依之外，还必须有章可循。在很大程度上，督导评价程序与方法的规范性和科学性决定了其结果的信效度高低。正是基于对程序与方法重要性的认识，国外对学校的督导评价程序与方法的规范和标准化要求越来越高。以英国的学校督导为例，2005 年其方案中界定了 68 项规定，其中督导程序和方法就多达 30 余项，对学校督导前、现场督导和督导后的督学人员行为规范进行了细致的、极具操作性的规定。其内容主要包括：督导前——学校申报督导的要求、学校须提供的材料信息、督学人员如何与学校建立联系及督学人员如何得到家长、学生和其他人员有关学校工作的意见等；现场督导——督学人员收集证据的原则、类型、方法，如何记录证据、如何确保判断有效、如何给出现场反馈意见等；督导后——如何撰写督导报告、何时发表报告、政府机构收到报告后的行为等。

三、多元民主评价机制

早期从事评价研究的主要是社会研究者，到后来，评价研究的使用者对这个领域产生了重要的影响。现代评价涉及的对象越来越广泛，任何评价都会牵动利益受到直接或间接影响的人群。学校评价更是如此，多方参与、共同建构的民主督导机制已成为现代学校评价的重要特征。

英国 2005 年《教育法》要求学校必须将督导通知给家长，明确告知他们如何向督学人员反映他们的意见。为此，督学人员要为社区内的家长提供多语言的标准意见征求信件。此信件包括一个概要的调查表，以反映家长对学校的意见和建议。此调查表要求通过保密的手段返回至督学人员手中，督学人员应在开展正式的学校督导之前完成此分析。如果家长要求会见督学人员，督学人员应当尽可能地满足。

此外，对学校的评价必须听取学生的意见。英国的学校督导规则要求，任何由学校组织的对学生意见的调查都不能取代督导期间与学生的讨论和沟通。督学人员应安排机会与不同学生交谈，如以年龄分组的学生群体、学校中的各种学生社团等。

四、由验收问责向辅助改进转型

与学校督导评价理论的演变相适应，对学校督导评价结果的使用也经历了从验收问责到辅助改进的转变。还是以英国为例，其最初的督导结果直接与学校得到教育拨款的多少相挂钩，学校为了争得经费、荣誉，完全按照一种模式来管理。"按成绩支付教育拨款"的学校督导模式造成学校教学围着考试转，课程千篇一律，学校丧失了自己的特点。[①]"按成绩支付教育拨款"的政策到1895年宣告结束，督学团对自身也感到不满，希望在推进教育质量和学校发展上能有更多的作用。进入20世纪，普及初等教育已基本实现，随着教育工作特点的变化，督学人员的职能也开始变化。2005年的英国学校督导方案中，对督导结果有了更为详细的规定。例如，在督导组得出结论后，他们必须向高级管理人员进行解释，如果有可能，还包括政府机构。督导组的发现和学校的自评都是学校改进计划的基础。督导评价后的行动必须确保反馈的意见有效地解释了督导组的发现以及学校需要做什么以得到改进；必须为学校提供机会以让他们理解为什么得出这样的结论；必须对督导组的发现给出明确的阐述。督学人员必须就他们所看到的向教师和其他工作人员进行口头反馈，结论必须清楚。

督导报告必须按格式文件要求说明学校效能，包括学校的优点和缺点，为了改进而必须做的事，家长和学生对学校的评价。虽然督导报告的格式是一定的，但内容和语气等是可变的，其都必须反映学校情况。督导报告必须是经过认真讨论的，表述是易于理解的并且是基于证据的。必须明确家长是督导报告的主要阅读对象，在督导中的主要发现应作为督导报告附件以简要信件的形式提供给学生。此附件应该寄给校董事会并且保证学生可以得到它，国王督学期望学校确保学生可以知道督导的主要发现。这些要求都较好地促进了学校评价对学校改进的辅助作用，从而使评价从"要我评"转向"我要评"，提高了学校参与评价的主动性和积极性。

---

① 　王璐：《英国教育督导与评价》，3页，太原，山西教育出版社，1992。

第二章　我国学校评价面临的改革和挑战

任何评价都有其哲学和教育理论基础，都必然体现一定的价值追求，也必然烙上教育和社会发展的时代印记。在工业化和追求规模效益的社会经济发展模式下，追求效率成为学校评价的指导思想，达到目标的先后顺序、所需时间的长短等尺度成为评价依据。随着社会经济和教育的迅速发展，以效率为导向的学校评价模式的局限性也越来越明显，校际不均衡发展正是其必然结果。要全面贯彻国家的教育方针、优化教育秩序、促进教育公平，就必须对传统的学校评价体系进行改革。

在我国从人力资源大国迈向人力资源强国的建设过程中，迫切需要教育进行更深刻的创新改革，以适应不断发展变化的经济社会新格局。其中，学校评价改革一马当先。20 世纪 80 年代以来，世界性的政治改革导致了公共教育重构运动，各国的教育改革普遍把矛头指向了缺乏公平和效益的各层公共教育体制。这场公共教育体制变革的动因正是来自人们对公共教育发展的规模、速度、质量和效益的不满，以及对教育的更公平、更普及、高质量、高标准的追求。

第一节　注重公平："差学校"为什么不服气

学校评价的必要性基于学校之间发展的差异，有的学校办得好，有的学校办得差。学校评价的首要任务是通过一系列科学指标和客观程序识别出好学校和差学校，总结好学校的成功经验，帮助差学校改进提高。

正如前一章所说，任何评价活动都是一种价值判断，而任何价值判断都是受其评价理念所支配的，首先就是如何界定好与坏的标准。如果标准不科学，也就意味着好不成其为好，坏也非如其所坏；或者说，评价的结果就必然是不公平的。

如何来评定所谓的好学校和差学校？存在两种截然相反的标准：一种看结果，即所谓的终结性评价；另一种看过程，即所谓的发展性评价。这二者间的差异是争议的主要来源，在学校的评价实践中往往会出现这样的场景——如果根据学生的考试成绩来评定，一所学校被评为"差学校"后，校长立即向教育局提意见：如果我这个学校也有与别的学校同样的办学条件、同样的生源，肯定不是"差学校"。在一些学校发展经验交流讨论会上，当好学校校长作经验报告时，由于其得天独厚的资源优势并不具有普遍性，所说的经验往往不被其他校长所全部采纳。这些现象背后的原因就在于对好学校和差学校的评价标准没有形成共识，或者说评价标准是不公平的。

注重公平是实施学校评价的最基本要求。要对学校进行公平的评价，首要的是明晰评价的是什么，或者说明确影响学校办学水平和质量的核心因素是什么。以学校的教育质量评价为例：学校的教育质量必须以学生为本、着眼于学生的发展，它是以由学校提供教育服务，帮助学生获得知识、技能和情感体验、态度养成等为目标的行为表现。学校的教育质量不等同于学生个体的教育质量，影响学生个体的教育质量的因素众多，学校仅是其中一个方面。国内外大量的教育质量影响因素分析表明，影响学生发展的最重要因素往往不是学校，而是家庭环境和同伴关系等。教育质量的水平和程度是一个连续的过程，从学校角度看，学生的发展总是一所又一所学校的教育质量累加的结果。如果学校的教育质量评价不能将学校外的因素及生源差距等剥离出去，那么其标准将是不客观的，我们将不能依据事实来判定学生的发展差距是由谁带来的、学校的影响究竟有多大。因此，现有的用单一的教育结果来评价学校质量（如升学率、满意度等都是对学校教育质量的静态考察）的缺点正在于不能客观地评价和分析学校影响的大小。

长期以来，我国的学校评价是以评出"好学校"作为目标，往往以升学率的高低为标准来对教育的最终结果进行判断，并以此作为衡量学校教育质量和奖惩教师的唯一标准。我国原有学校体系中的所谓重点学校与普通学校就是这种评价的结果。与教育公平和学校均衡发展的要求相比，这种评价存在的问题主要表现为：重视目标达成度的终结性评价，强调结果而忽视发展过程，缺乏对投入与产出的效益比较，只考虑学校产出差距而不考虑学生状况、经费、教师水平、倾斜性政策等投入差距。这种学校评价考察的焦点是教育的最终结果即学生现有质量和发展水平，而不关心造成这种最终结果的具体原因如学校生源质量、教育经费、办学条件、师资水平等方面的差异。在评价目的上，偏重教育评价的鉴定、筛选功能，而不注重教育评价的激励改进作用。

这种评价导致了一些负面后果。首先是导致学校走上以片面追求升学率为目标、以抢夺优质生源为工作重点、以换取资源倾斜投入为动力的非均衡发展

17

道路，从而形成一些所谓的"好学校"。实际上，这些"好学校"是以资源过度投入、办学效益低下为代价的，而一些所谓的"差学校"可能在教育教学管理上创造了更多的工作绩效。其次是挫伤了大多数学校和教师的工作积极性。与普通学校相比，重点学校在生源质量、办学条件、师资水平等方面往往具有相当大的历史积累优势和政策倾斜支持。在以成败论英雄、一切以考试的最终结果为依据的升学竞争中，普通学校从一开始就处于一种先天不利的地位，注定了其失败的命运。这种不公平的竞争极大地挫伤了大多数学校改进其教育教学管理的积极性，其直接后果就是普通学校教育质量的下降和学生整体素质的滑坡，从而导致不同学生群体间的教育不公平。

《国家中长期教育改革和发展规划纲要（2010—2020 年）》颁布实施后，促进公平成为国家基本的教育政策。随着农村地区义务教育经费保障机制的深入推进和教育结构调整，绝对的"上学难、上学贵"问题日趋缓和。党的十八大以来，在实现全面普及的基础上，我国义务教育仅用 10 年左右时间就明显缩小了城乡、校际教育资源配置差距，实现了县域基本均衡发展，成为我国义务教育发展史上又一个新的里程碑。在新的历史起点上，面临人民群众对优质教育资源的新需求，必须加大教育供给侧结构性改革，开启义务教育从基本均衡到优质均衡的转型发展，建设高质量教育体系，让每一个孩子都能就近享受高水平的义务教育公共服务。

面对客观存在的生源、资源差距等因素，如何做到更为公平、公正地评价学校？这一难题不是我国所特有的，许多国家都面临这一难题。事实上，在推进教育公平、促进学校均衡发展的过程中，政府和教育行政部门在政府公共职能和运行机制上主要有两个基本手段：一是均衡配置公共资源投入，主要表现为以政府为主导实现教育资源的均衡配置，各级政府和教育行政部门主要是通过政策调整、加大投入等措施均衡配置优质教育资源，积极改造薄弱学校；同时，通过建立多项制度如骨干教师交流、一定比例的校长轮岗、校际互动、学区和集团化办学、名师工作室等，不断推进区域内教育均衡发展水平的整体提高。二是在宏观调控管理上，主要表现为以评价引导学校均衡发展。以评价引导学校均衡发展是推进教育公平的有力抓手，观念更新、课程改革、考试评价改革等都只有真正转化为学校的内在追求，才能得到贯彻落实。在资源配置逐步均衡的同时，教育评价改革的滞后与不配套所带来的阻力也越来越凸显。对教育行政部门来说，如何对参差不齐、发展水平各异的学校进行评价、评价什么已成为制约均衡发展进一步推进的瓶颈。因此，为了在促进义务教育优质均衡发展的目标要求下创新学校评价体系、引导学校科学发展，促进学生、教师和学校的全面进步尤为重要。

第二节　强调质量：为什么教育质量评价举步维艰

20 世纪 80 年代以来，中央和各级政府加大教育投资，教育经费支出已成为第一大公共财政支出。2019 年，国家财政性教育经费支出首次突破 4 万亿元，占国内生产总值比例连续八年保持在 4% 以上。在教育投入逐步到位的情况下，社会对教育质量和教育公平的需求越来越强烈，对教育投资收益的期望越来越高，父母对子女的教育支出也越来越大。在巨大的财政支出和个人支出后，关注支出所带来的结果自然而然地成为焦点，学校成为社会、家庭和个人索要回报的直接对象。提高学校的教育质量，从而保障社会和个人从教育中得到更多收益，已成为学校的中心任务。但是，如何评价学校教育质量一直是热点和难点问题。选择什么样的指标、用什么样的评价方法来构建学校教育质量评价体系？不同的人从不同的立场出发，会给出迥然不同的回答。在评价实践中，虽然取得了重大进展，但总体来看仍然存在两大问题。

一、难以凝聚的质量共识

明晰的教育质量内涵是实施教育质量评价的前提。从字面上看，教育质量是指教育服务和工作的优劣程度，但这种简化的"规定性定义"[①]并不能满足教育评价实践的需要。教育作为一种培养人的活动，其目的和目标必然指向学生的高水平发展。无论是马克思主义的"人的全面发展"，还是西方传统教育理念的"人的一切能力和谐发展"，都是从人的发展角度来规定教育质量。在此基础上，教育理论和政策研究中已提出了许多教育质量评价框架，如从发展的水平维度划分，将学生的发展分解为德、智、体、美、劳等方面；从课程目标上，分为认知、情感、态度、价值观等内容。2002 年教育部颁布的学校教育质量标准中，包括了基础性发展目标和学科学习目标。基础性发展目标分为道德品质、公民素养、学习能力、交流与合作能力、运动与健康、审美与表现。学科学习目标即各学科课程标准已列出本学科学习的目标和各个学段学生应该达到的目标，并对评价方式提出了建议。[②] 2016 年北京师范大学课题组发布了《中

---

① 参见陈桂生：《"教育学视界"辨析》，上海，华东师范大学出版社，1997。

② 《教育部关于积极推进中小学评价与考试制度改革的通知》，2002-12-27。

国学生发展核心素养》，以培养"全面发展的人"为核心，分为文化基础、自主发展、社会参与三个方面，综合表现为人文底蕴、科学精神、学会学习、健康生活、责任担当、实践创新，具体细化为国家认同等18个基本要点。但这些指标内容过于宏观，缺少具体的测评目标和观察点。正如布卢姆在评论美国全国课程委员会提出的教育目标的表述时所说的："'富有成效地利用余暇时间'，'发展良好的公民品行'，'培养对数学在我们技术性社会中的价值与作用的鉴赏力'。这样广义的表述常常受到批评……尽管这些陈述能够为学校体系指出总的方向，但它们过于大而无当，不能帮助任课教师进行日常的教学管理。"①一旦试图将这些定义应用于教育管理和质量评价中，则不具有可操作性，也就不能形成一致的评价标准和规范。事实上，从初等教育到高等教育，对教育质量的理解在世界范围内都普遍存在认同上的危机。美国未来学家托夫勒1970年就指出：对美国的大学教育质量有种种议论和批评，但是其中的"质量"一词从来没有被明确定义过。

归纳起来，对教育质量的认识主要有两方面的看法，一个是"谁的质量"，另一个是"什么时候的质量"。"谁的质量"实际上就是教育质量是对个体而言还是对社会而言，反映不同的主体对质量的不同诉求和希冀。教师、校长们眼中的教育质量是课堂教学质量，是学生对知识和基本技能的掌握，是学生个体的发展水平；经济学家眼中的教育质量是教育的生产效率，是以成本效益核算的教育投入—产出比例；在政策制定者看来，必须根据是否符合社会发展和国家需要来判断教育质量的高低。这些诉求实质上是教育活动在促进个体发展和满足社会需求之间的抉择，这种抉择由来已久，在教育的功能和目的的人本位和社会本位的对立中已包含教育质量的定位之争。从个体发展需要的角度看，教育质量指教育促进个体在德、智、体、美、劳方面发展所达到的水平和程度，是个人通过教育活动所获得的知识技能、习得的习惯和方式、养成的态度和情感等；从社会需求的角度看，教育质量指教育活动和服务所培养的人在经济社会中所发挥的作用的大小，包括对经济增长、社会发展、道德风尚和文化培育等多方面的影响。试图形成多个不同主体对教育质量的共识，至今仍然是一个巨大挑战。

"什么时候的质量"也有两种意见。一种意见认为，教育质量就是教育活动

---

① ［美］布卢姆等编：《教育评价》，邱渊等译，51页，上海，华东师范大学出版社，1987。

导致的水平高低和质量优劣，是与教育投入、教育过程相并立的教育产出，是教育活动结果的具体体现；另一种意见则认为，教育质量是涵盖教育投入、教育条件和教育产出等全过程的要素所达到的水平和程度高低。前者认为后者泛化了教育质量的外延，将教育质量等同于教育本身；后者则针锋相对，认为不能将教育质量仅仅局限于结果，不关注过程的教育质量是知其然而不知其所以然，对改进教育质量的意义不大。

教育普及和规模扩张任务基本完成以后，对教育质量的关注越来越高，但教育质量内涵界定之争并未取得突破性进展，甚至更加复杂。1992年，世界比较和国际教育学会（CIES）主席海纳曼（Heyneman）就曾感叹：我们对教育问题的关注程度正在日益上升，但我们对教育的了解水平却在不断下降。如果我们没有充分的准确信息，没有充分的教育研究，我们将无法改善教育质量的状况。① 直到今天，这种困境仍然存在，并困扰着教育质量评价的理论与实践。

二、没有核心的质量评价标准

标准是评价的基础，确定了教育质量标准，也就界定了什么是好的教育质量、什么是不好的教育质量。因此，制定教育评价标准是所有教育评价方案的核心。制定教育评价标准的方法有多种，不同的方法代表了对教育的价值的不同理解。以教育机构评价为例，有八种确定评价标准的依据：①"教育目标"作为教育评价标准；②"附加值"作为教育评价标准；③"顾客满意"作为教育评价标准；④"良好的教育实践"作为教育评价标准；⑤"最优"作为教育评价标准；⑥"自身进步"作为教育评价标准；⑦"生产力"作为教育评价标准；⑧"组织质量"作为教育评价标准。②

在教育质量评价实践中存在两个发展方向：一是试图从学生发展情况来界定教育质量；二是试图从影响教育质量的因素出发来评价教育质量。第一种方法是构建学生德、智、体、美等多方面的评价指标或测评工具，但往往面临操作性的挑战，更多的质疑在于：在德、智、体、美等方面外即使再加上"劳动技术"，仍未必全面③，试图构建一个完整的、系统的教育质量评价体系在实

---

① 石伟平：《教育质量与教育研究的危机》，载《外国教育研究》，1994(4)。

② 沈玉顺、卢建萍：《制定教育评价标准的若干方法分析》，载《高等师范教育研究》，2000，12(2)。

③ 参见陈桂生：《"教育学视界"辨析》，上海，华东师范大学出版社，1997。

践上是不现实的，也是不必要的。例如，1991 年国家教委出台的《普通中小学校督导评估工作指导纲要》中，教育质量指标共包括 7 项：德育，智育，体育、卫生，美育、劳动教育、劳动技术教育，学生的兴趣爱好与特长，社会、用人单位和高一级学校对毕业生的评价等。在 1997 年的修订中，教育质量指标进行了扩展，包括：①思想政治观点（高中），道德判断能力，文明行为习惯，个性心理品质，自律能力；操行合格率；有犯罪行为学生的比例。②基本知识和基本技能。③各年级全科合格率；高中会考合格率；毕业年级毕业率，按时毕业率。④体育锻炼和卫生习惯、身体发育、体质、体能状况；毕业年级体育成绩合格率；各年级近视眼及其他多发疾病和发病率。⑤学习能力、创造能力、动手能力、审美能力；兴趣爱好。⑥劳动态度和劳动技能；生活自理能力。在 1997 年之后，各省区市根据此修订稿出台了本地的教育质量评价方案，指标项目有增无减。例如，上海市出台的《中小学"学校发展性督导评价"指标纲要》中制定了 18 项办学质量指标等。指标项目越来越多，说明教育质量的内容要求越来越广泛，而就评价来说，则反映出缺乏对教育质量本质特征的深刻把握和理解。

第二种方法的出发点是绕开教育质量，重点在于梳理影响教育教学的核心因素，如以办学条件、师资水平、教育经费等作为教育质量评价的替代指标。但众多的教育科研结果都表明：办学条件的好坏、师资水平的高低、教育经费的充足与否并不是教育质量的决定因素，以这些外围指标来替代对教育质量的评价是不科学的。

在具体的评价实践中，面临的最现实问题是如何评价学校的"净"质量。也就是说，一所学校的高质量究竟体现在什么地方？美国一位学校评价研究者曾就择校向学生家长和教师提出四个问题，前两个问题是针对家长的：一是什么是一所好学校？家长们的回答是：学生考试成绩好的学校就是好学校。二是好学校大多在哪些地方？家长们的回答是：经济条件较好的地区，即富人区。第三个问题针对教师：一所由富人家庭的孩子组成的学校的学生考试成绩很好，这所学校是不是一所成功的学校？大多数教师都作出了否定的回答。第四个问题要求家长和教师都要回答：是好学校造就了好学生，还是好学生造就了好学校？对这个问题的回答最终没有取得一致意见。事实上，这位研究者的四个问题充分揭示了学校评价中的价值分歧、理念差异。对好学校与成功学校的内在本质区别的回答，正是推进教育公平和教育均衡发展必须解决的教育发展观和评价观问题，即我们的学校应该成为什么样的学校？什么是一所成功的学校？

特别是在对教育质量的督导评价中，在国家层面上，我们没有确定统一的教育质量标准。什么是我们所认可的学生发展质量？学生的全面发展如何界定？一些标准散见于各部门的政策文件中，但没有形成统一的法定标准。特别是在强调督导评价的法定性的背景下，没有法定的标准和依据不能不说是开展素质教育督导评价的硬伤。即使有了标准，如何操作也是一个难题。虽然我们可以对教育质量给出一个理论上的全面阐述，但在实践中我们仍然需要操作性的定义：什么是素质教育所要求的教育质量标准？我们希望给予学生什么样的教育服务？我们如何测评学生的综合素质？这是我们切实做好素质教育督导与评价的基础性工作。操作性问题的背后是如何认识学校素质教育督导评价与学生学业成就评价的问题。作为与应试教育相对立而提出的素质教育的评价中出现了一个有意思的问题：素质教育还要不要考试？事实上，素质教育不是不考试，而是考试和考核要求更具有全面性、综合性、经常性。学生学业成就正是力图对教育质量进行操作性评价的基础性工作。有了科学的、以问题解决能力为导向的学生学业成就测评体系，我们就可以在有限的评价时间内对学生能力水平进行评价，也才能进一步对学校教育质量进行合理的量化分析和跟踪监测，对学校的绩效考核也才有可信的依据。但从现实的学校评价来看，要将教育质量评价落实在学生学业成就评价上，还需要在理念和基础条件建设上下大功夫。

第三节　推进素质教育：对我国现行学校评价体系的时代要求

回顾我国的学校评价发展，我们可以将其简要概括为：历史悠久，现状薄弱。历史悠久在于，2000 多年前我国就有教育评价的记录。根据《学记》记载："比年入学，中年考校。一年视离经辨志，三年视敬业乐群，五年视博习亲师，七年视论学取友，谓之小成。九年知类通达，强立而不反，谓之大成。"隋大业二年（公元 606 年）开始建立科举制，通过分科考试选取人才，采取帖经、墨义、策问、诗赋等方法测评学生。此人才选拔办法早于西方的文官考试制度 1200 多年，因而有人认为中国的科举制奠定了现代考试制度的基础。[①]

现状薄弱是针对我国学校评价模式的发展而言。我国现行学校评价模式产生于 20 世纪 70 年代末 80 年代初，发展至今已初具规模。在对我国现行学校

---

①　参见王汉澜：《教育评价学》，开封，河南大学出版社，1995。

评价模式价值基础的梳理中，我们可以发现以效率为主是贯穿其始终的内在追求和目标，其基本特点是以预设标准为依据、以绝对评价为方法、以奖优惩劣的终结性评价为结果。这种评价模式对于推进我国义务教育普及、加强学校发展初期的办学条件建设起到了十分重要的作用。

但是，以效率为主的学校评价观必将导致对少数优秀学生的关注，而忽视其他学生；必将以学生的升学为导向，而以牺牲学生的全面发展为代价。20世纪 80 年代以来，以培养学生创新精神和实践能力为重点，出现了以促进学生全面发展为特征的素质教育思潮。经过 20 多年的蓬勃发展，素质教育被写入 2006 年《义务教育法》中，成为法定的教育活动准则。素质教育的实质就是面向全体学生，促进他们生动活泼的全面发展。但在"一切为了升学，一切围绕升学"的功利性学校评价思想的影响下，"考什么教什么""教什么学什么"的应试教育成为部分学校的常见现象，也就必将导致学校、教师对学生和学科课程区别对待，甚至对学困生和不列入考试内容的学科采取放任自流的态度，从而导致学生片面发展。

随着素质教育的深入推进，我国对学校评价体系的改革和创新工作逐步展开。结合新一轮课程改革的实施，2002 年，教育部颁发了《关于积极推进中小学评价与考试制度改革的通知》。新修订的《义务教育法》对学校评价提出明确规定：县级以上人民政府及其教育行政部门应当促进学校均衡发展，缩小学校之间办学条件的差距，不得将学校分为重点学校和非重点学校，学校不得分设重点班和非重点班。这是第一次将学校均衡发展和推进校际公平的理念写入法律。

在新的教育形势和教育发展要求下，部分地区近年来也积极开展以发展性评价为导向的学校评价改革，将教育公平理念引入本地的学校评价实践。从1998 年开始，上海市教委督导室开展了发展性督导评价研究，制定并颁布了《上海市中小学督导基础指标(试行稿)》和《上海市中小学发展指南(试行稿)》。其中，"基础指标"反映的是现行教育法律、法规、方针、政策对于中小学统一的规范性要求，是所有学校必须达到的指令性目标，属于"必修"内容；"发展指南"是根据当前上海经济、社会和教育发展需要对于中小学可能发展领域的指导性意见，学校可根据自身实际选择，属于"选修"内容。此后，北京、山东等地区在中小学评价中纷纷引入发展性评价的概念，初步形成了以"基础性指标＋发展性目标"为基本框架的具有本地区特点的发展性学校评价指标体系，体现了发展性评价促进学校依法办学、自主发展的指导思想，初步形成了"学校制订发展规划—学校实施—学校自评—阶段性评价—修正规划—学校再实施"的运行机制。

进入 21 世纪，特别是近 10 年以来，学校评价改革的力度、速度明显加大、加快。2012 年 9 月，国务院颁布的《教育督导条例》总则中明确指出"对政府履行教育工作相关职责的督导与对学校教育教学工作的督导并重，监督与指导并重"，从法律意义上确立了督学的地位，明确了对学校工作的监督与指导是教育督导的重要职能。2020 年，国务院颁布的《关于深化新时代教育督导体制机制改革的意见》进一步指出，我国教育督导的主要目标之一是"建立国家统筹制定标准、地方为主组织实施，对学校进行督导的工作机制，指导学校不断提高教育质量"。

在法律和体制改革推进的同时，创新学校的督导评估指标体系也成为学校评价改革的重要抓手，近年来先后出台了《中小学校素质教育督导评估办法（试行）》《县域义务教育优质均衡发展国家督导评估认定工作规程》《关于深化教育教学改革全面提高义务教育质量的意见》等一系列文件。2021 年 3 月，教育部等六部门联合印发了《义务教育质量评价指南》，要求学校办学质量评价围绕办学方向、课程教学、教师发展、学校管理、学生发展 5 个方面的重点内容进行，旨在促进学校落实德、智、体、美、劳全面培养的要求，深入实施素质教育，不断提高学校的办学水平和育人质量。

但在我国的学校评价实践活动中，一直存在以下突出的问题。

第一，督政与督学界限不清。督政是指对各级政府履行教育职责的情况进行检查、指导和评价，督学是指对学校办学行为进行检查、指导和评价。二者在评价的内容、程序和目的等各个方面完全不同，但学校评价实践活动常将它们混为一谈。一些地方在组织开展学校评价时，仍然大量设置办学条件类指标项目，例如，教育经费开支及经费来源，生均公用经费，校舍、场地及其他教学设施，校园规划，校园环境建设，教学仪器、图书资料及各类器材的配备等。这些指标从本质上讲根本就不应属于督学的范畴，而是督政应有的内容。

这种类型的学校评价的存在有其必然的历史背景。在学校督导评价中，有一种说法是：借助督学来督政，通过对学校的检查、指导和评价来反映当地政府的教育投入不到位、教育管理不科学等问题，促使政府加大教育投入、重视学校办学条件的改善。但随着政府和学校的教育权责划分日渐清晰，这种将本该是政府负责的事放在学校身上的做法显得越来越不科学。从评价体系的科学性来看，这种学校评价是肤浅的，它没有深入学校的教育教学过程，没有切实反映学校贯彻落实素质教育的工作要求。特别是随着义务教育经费保障机制的逐步建立健全，要求加强教育投入绩效评价和学校办学效益评价的呼声日益高涨，由政府责任评价向学校绩效评价转型是必然趋势。

第二，缺少明确的学校评价理论体系。特别是在当前进一步推进素质教育的进程中，如何确立学校评价的基本目标、核心原则和基本要素已成为创新学校评价体系的第一要义。基于实施素质教育的要求，就必须转变过去单纯以结果鉴定、事后评价的学校评价模式，实现从行政监督到教育教学服务的评价理念转型。立足于学校发展，对学校的评价必须回归到学校教育教学和管理水平的轨道上来。

第三，从事学校评价的人员的素质有待提高。我国现有的学校评价人员主要是各级政府督学人员，必须承认的事实是，国家督学人员主要是以满足督政需要为标准确定的，其中以政府官员、宏观政策研究人员等为主。在推进"两基"的政府督导中，这样一支队伍适应了政策需要，其政府背景和行政权威保证了督导体系督政功能的实现。但在推进学校实施素质教育评价中，更需要面向学校、深入教育教学实际、理解和指导课堂教学的专业人士。如何在有限的时间内在校园内发现学校的问题？如何深入课堂熟练评价教师的课堂教学质量？因此，必须建立一支精通教育教学的专业督学队伍，才能适应这一挑战。

第四，学校评价组织形式单一。我国现有的学校评价体系主要表现为督导评价形式，社会中介的学校评价和学校的自我评价还处于起步阶段。这种格局是与我国学校过去由政府统一管理的体制相适应的。而我国现有的学校评价也往往是曲线式的，即以对学校的评价为手段间接地向政府施加压力，要求增加学校的经费投入、改善办学条件。从评价理论的发展趋势来看，如果没有学校参与评价的基础、缺少学校的自评，这种督导评价既不全面也不民主。重视被评价方参与以促进被评价方改进的评价体系越来越受到世界各国的重视，并在学校评价实践中取得了更为明显的成效。

第五，评价结果对学校改进提供的帮助作用不明显。我国现有的学校评价是一种终结性评价，评价结果用于判定学校是否达到预设标准，实行严格的责任追究制度。这种评价方法用于特定的目标达成时，具有责任明确、目标清晰等优点；但由于学校教育的复杂性，若用于学校评价特别是学校实施素质教育评价，则失之简单，容易导致评价方与被评价方的对立，不利于学校的改进和发展。因此，在建立学校评价结果的使用体系时，应当坚持评价服务于学校发展的原则。评价人员应当帮助学校发现和分析存在的问题，提出合理化的改进建议；针对有特殊困难的学校，应加大过程评价力度，明确提出整改措施，帮助学校发展。

第六，学校评价没有落到实处。对学校的评价必须依据充足的事实和材料，数据分析、了解相关人员的观点和直接观察是其必不可少的手段。没有学生的在校生活记录，就无从判断学校的管理水平；没有学生的学业测评记录，就不能对学生的学习进步与否给出明确的结论。近年来，随着数字化校园、智慧教育等信息化建设项目的推进，学校的基础数据信息有了明显的改进。但在有了海量的学生活动和学校管理数据后，如何对其加以深入挖掘和应用仍是当前困扰基层学校的重大挑战。

第三章 学校增值评价：是什么和为什么

增值评价（Value added evaluation）也被称为附加值评价，在国内学校评价中还属于一个新名词。反对者给其贴上应试教育评价的标签，认为它是依靠学业成就测评来进行评价，是宣扬所谓的应试教育；支持者则宣扬，其在世界范围内的广泛应用证明了其具有较好的改革创新意义。事实上，只有全面了解增值评价的起源、发展演变历程、技术路线和内在的局限，才能对增值评价的适用范围、预期作用做出理性判断，而理性判断是评价改革可持续推进的前提和基础。

第一节 学校增值评价的起源：《科尔曼报告》

学校增值评价起源于美国约翰斯·霍普金斯大学社会学系科尔曼教授对美国教育公平的研究，其最终研究成果即为 1966 年发表的《科尔曼报告》。《科尔曼报告》发表以来，对美国和世界范围内相关教育问题的影响十分广泛和深远，在美国被认为是美国社会科学史上最著名的量化研究报告。它在世界范围内与英国的《普洛登报告》(1967 年)、联合国教科文组织关于各国学生学业成绩差异的系列研究报告并列，成为当代关于教育机会均等研究的三项重要报告之一。要全面了解学校增值评价的历史发展，就必须深入分析《科尔曼报告》的研究过程和内容。

《科尔曼报告》的出台有其必然的国际、国内背景和现实需要。从国际教育发展背景来看，20 世纪初以来，教育机会均等问题已成为许多国家的热点问题。特别是在第二次世界大战以后，教育平等和教育民主化观念深入人心。1946 年 3 月，国际教育局举行的战后第一次大会将"中等教育入学机会均等"列入议程。1948 年通过的《世界人权宣言》明确了"受教育权"是一项基本人权，从而成为教育平等和教育民主化的一个最重要的标志。第十四届联合国大会于 1959 年通过的《儿童权利宣言》，更进一步确认了儿童的平等受教育权。

　　为了了解各项法律、法规中所保障的教育机会均等的现状，自 20 世纪 50 年代开始，西方各国的社会科学家进行了大规模的实证调查，力求了解机会均等在教育领域中已达到什么程度。《科尔曼报告》《普洛登报告》、联合国教科文组织关于各国学生学业成绩差异的系列研究报告都是在此背景和需要下的同时期研究结果。

　　从美国国内的社会发展现实来看，第二次世界大战后，教育机会均等问题得到前所未有的重视。美国国会在 1945 年举行了关于教育的意见听证会，其主题就是教育机会均等问题。教育部门在极力阐述教育的重要性的同时，更具体地指出学区与学区之间、州与州之间存在严重的教育不平等问题，并在教育政策上采取了一些重大的措施。这些措施中，主要的有两个：一是在高等教育领域内实施的《1944 年服役人员调整法》即《士兵法案》，此方案要求给 600 万于第二次世界大战中在军队服役的男女青年提供联邦津贴，让他们继续求学或受训练；二是在基础教育阶段实行各种类型和形式的补偿教育，其中主要有 1950 年实施的"更高视野计划"（Higher Horizon program）和 1965 年实施的"头脑启迪"（Head start）计划。这些计划的主要内容是通过各种措施如开设小班级、增派经验丰富的教师、增设额外课程，对处境不利的儿童进行教学，以补偿他们在教育起点上的不平等。补偿教育实质上是把更多的钱、更昂贵的教育投向贫困儿童，以期达到"教育结果平等"。

　　除此之外，美国对教育机会均等问题的关注更多地通过立法和司法的手段来体现。1954 年，美国最高法院在判决布朗诉教育局案时宣布将不同种族学生隔离开来的措施是不平等的，这即是著名的"布朗裁决"；1964 年，美国国会通过了酝酿已久的新的《民权法案》，奠定了全面废除南方种族隔离制度、实现种族平等的法律基础。

　　但上述各种补偿教育政策和行动计划的真正效果究竟如何，如何评价各项种族平等法律的实施成效，都需要实地调查结果来检验和佐证。因此，美国国会在 1964 年《民权法案》中提出，要对公共教育制度的各个层次进行专门的调查，调查不同种族、肤色、宗教等人群的平等受教育机会问题，以便形成有针对性的公共政策。正是在以上背景和目标要求下，科尔曼教授承担并完成了这一任务，最终形成了《科尔曼报告》。

　　由科尔曼教授牵头的调查组收集了美国 4000 所学校 64 万名学生的数据，其学校比例占全国的 5% 左右，是当时教育领域所做的最大规模的调查研究项目。依据国会要求，有关学校的调查主要分为四大部分：种族隔离情况；设施、师资等情况；学生的学习成就；与成就相关的学校特征因素。调查对象分为学区管理者、学校校长、教师、学生；调查工具为问卷和标准化测试，标准化测试的对象为1年级、3年级、6年级、9年级、12年级的学生。科尔曼等人依据学生种族将调查对象划分为六类，即黑人、美洲印第安人、亚裔、波多黎各人、墨西哥人、白人，分析统计六类学生在上述调查内容方面的现状及差异情况。

科尔曼等人在对调研材料进行了充分分析后，向国会递交了《关于教育机会平等性的报告》，这就是历史上著名的《科尔曼报告》。最终完成的《科尔曼报告》包括报告摘要（第1部分）、7个分类报告（第2～8部分）、技术性的附录（第9部分）。其中第2和第3部分被认为是有关学校政策最重要的部分，其结论被认为代表了整个报告讨论和争论的主题。

科尔曼等人的研究的主要创新之处在于将学生学业成就引入教育机会均等的研究领域，而不是简单地通过对学校投入、师资水平、设备设施的调查提出不平等问题，并对教育投入与产出进行综合分析。其主要结论如下。

第一，美国公立学校中存在严重的种族隔离情况。通过调查美国中小学生所在学校的同学的种族情况发现：在少数民族人群中，黑人的种族隔离程度最大；而在所有人群中，白人的种族隔离程度最大。在1年级和12年级中，白人学校中黑人学生所占比例不足10％。此外，对学生与教师的种族对应情况的调查也充分反映了这一点。就全国平均数据而言，黑人学生所在的小学中，65％的教师为黑人；与之相对照的是，白人学生所在的小学中，97％的教师为白人。白人教师教授黑人学生，但黑人教师几乎不教授白人学生，是当时的一个普遍现象。

第二，校际差距对不同种族的学生有不同的影响。《科尔曼报告》指出：少数民族学生的学业成就高低更多地依赖于他们所去的学校，而白人学生的学业成就较少因为学校的设施、课程和教师等条件而受到影响。统计结果表明，只有10％的学业成就归因于学校，而南方黑人学生此比例高达20％。

第三，造成黑人学生学习水平低的原因主要不是学校的物质水平和条件，而是学校的社会因素，即学生的社会经济背景、同学的社会经济背景等。在美国学校中，黑人学生的学业成就水平相对较低，而且年级越高，与白人学生的差距越大。传统的观点认为，这种差距主要是学校的物质水平和条件造成的。但科尔曼等人的调查结果却发现，黑人学生所在学校和白人学生所在学校在校舍设施、教师工资等有形条件上的差距并不像以前想的那么大。

在《科尔曼报告》中，对影响白人学校的学生学业成就差异的因素作了一个相对重要性的排序：最不重要的是设备和课程上的差异，其次是教师素质上的差异①，最重要的是学生的社会经济背景上的差异。在黑人学校中，这些因素的排序也是一样的。在黑人学校和白人学校间，影响最小的因素(设备、课程)是分布最平等的，而影响最大的因素(学生的社会经济背景)却是分布最不平等的。《科尔曼报告》进一步指出：学生的学业成就还与其同学的社会经济背景和学习期望有很强的相关关系，学生处于不同的同学环境中，将会取得不同的学业成就。

第四，同学的社会经济背景对不同社会阶层的学生具有不同程度的影响。《科尔曼报告》认为，将低收入阶层子女送到中等阶层子女占大多数的学校对低收入阶层子女有好处，而对中等阶层子女不构成伤害。科尔曼等人认为，这是因为低收入阶层子女比中等阶层子女更容易受影响。科尔曼解释说，在中等阶层家庭，学生的信心和成就根植于成人的监管和教育，而单亲家庭的学生更多的时间是与同学待在一起。中等阶层大都在家里学得多一些，从同学和老师那里所学的东西要少一些。科尔曼对此问题的研究被许多后续研究所证实，即使是最激烈地反对学校种族融合的人也认为白人学生的成绩并没有因为种族融合而下降。这个发现也是《科尔曼报告》中极具重要意义的，有人甚至认为，对于不同收入阶层学生对阶层和种族融合的不同敏感性的发现可以称为科尔曼法则。

《科尔曼报告》的一个突出贡献在于重新界定了教育机会均等的内涵。科尔曼认为教育机会均等不能再仅仅局限于通过平等的投入来衡量，如平等的教育支出、教师和设备等，而应将关注的重心转到独立于家庭背景的学生学业成就上。正如科尔曼所说，学校的成功只能从它减少学生对他们的社会出身的机会依赖上来评价，因此，教育机会均等不仅意味着资源均等的学校，而且意味着效益均等的学校，其影响将会克服孩子以不同社会背景作为起点的差异。科尔曼认为，这是以前任何一个社会都没有做到的一件雄心勃勃的大事。学校不是

①　《科尔曼报告》中指出，调查中许多有关教师特征的因素并没有被测量，因此关于教师特征中的最重要的因素的结论并不是最终结论。在所有调查的教师因素中，影响学生学业成就的最重要相关因素是教师的口头技能测试成绩以及教育背景，包括教师本人以及其父母的教育程度。

仅仅被动地提供平等的教育资源，而是提供这样一个教育环境：解放孩子的潜能，使他们免于因为出生和社会环境而带来的不平等。因此在政策操作层面上，《科尔曼报告》明确提出：与要求政府平等地提供财政资源相比较，确保学生的经济地位的融合更具有挑战性。

《科尔曼报告》不仅具有重要的理论意义，而且对美国甚至世界范围内的教育政策和法律制定产生了直接影响，其中影响范围较大的主要有以下两方面：一是为美国普遍实行的"肯定性行动"（affirmative action）或称"平权法案"铺平了道路。公立教育资源分配大幅度地向弱势人群倾斜，实行所谓"为了平等的反向歧视"。在中小学强制性实施黑人白人学生合校的同时，在大学招生、政府机关雇佣和职位提升等其他方面，也普遍实行照顾黑人和其他弱势人群的倾斜性政策。虽然在几十年后，"肯定性行动"的做法也越来越受到质疑，引发了诸多法律诉讼，但它明显地改善了近几十年来美国社会教育机会的平等性。二是统一学校和校车接送学生政策。针对报告中得出的结论，科尔曼提出政策建议：为了有效改进少数民族学生和贫穷学生的学习成绩，应当把少数民族学生同白人学生放在同一所学校里，以产生一个能够提高学习成绩的有效环境。为此，需要为分隔居住的白人学生和黑人学生提供校车接送服务，以保证他们能够在同一所学校上学。从此，校车成了解决种族隔离问题的象征。在法院和卫生、教育和福利部的推动下，用校车接送学生的运动在20世纪60年代末达到高潮。

在《科尔曼报告》发表后，许多后续研究也纷纷证实了报告中的核心结论。哈佛大学教授莫里汉（Moynihan）在1967—1968学年组织了一个讨论小组，专门分析《科尔曼报告》的结论及其政策含义。这个讨论小组将《科尔曼报告》的发现总结为两点：一是生均学生支出在对教育成就的解释中所占比例不足1%；二是同学的作用是重要的，同学的社会等级地位越高，学生的学业成就也越高。莫里汉指出，科尔曼的研究指明一个有力的事实：美国学校系统教育成就的平等不仅仅依赖于你所去的学校，至少还同样依赖于谁和你一起去，如果不是更多的话——重要的是社会阶级的融合，而与设施无关。

对科尔曼的研究发现支持最全面的也是为人们引用最广泛的，是汉纳谢克（Hanushek，1986）对38项定量研究的成果的评述。这些研究重点考察了生师比、教师教育程度、教师工作经历、教师工资、生均支出、行政管理投入和设施等因素对学生学业成就的影响。汉纳谢克得出的结论是：在这些研究中，学校经费与学生成绩之间看来并没有很强的或系统的关系。

但也有许多研究不支持《科尔曼报告》。如海吉斯、莱恩和格雷沃德（Hedges，Laine & Greenwald，1994）重新分析了汉纳谢克的研究，他们发现教育经费与教育产出之间存在积极的关系，而且这种相关很大。此外，对《科尔曼报告》的质疑归纳起来有以下三方面：一是《科尔曼报告》和大多数后续的研究所使用的基本模型过于简单，它假定教育过程的产出即每个学生的学业成绩直接相关于一系列投入。二是在此研究中只使用学生在标准化考试中的分数测量产出，没有考虑学生的态度、学校的出勤率以及其他可能更有价值的教育产出或教育质量指标[1]。三是《科尔曼报告》不是时间序列的研究，而仅是一个时间截面的检验，这种研究结论可能存在样本抽样上的自选择偏差问题——种族和经济融合的学校的低收入和黑人学生可能比单独设置的学校的学生更有主动性。

需要强调的是，众多对《科尔曼报告》的引用大多简单地将其结论概括为：在对学生学业成就的影响因素中，家庭比学校更为重要，学校资源差距与学生学业成就无关。实际上，这种概括和引用失之简单和偏颇。科尔曼本人也曾纠正此观点，认为不平等的学校资源使学生学业成就差距更大。正如哈佛大学的托马斯·彼得格罗（Thomas Pettigrew）所评论的，科尔曼并不是想说学校没有意义，他所想表达的意思是：在决定学生学业成就的因素中，金钱不是万能的。

《科尔曼报告》的研究结论及其整个研究过程都是教育学、经济学、社会学讨论的经典内容，对在我国确立以教育质量为导向的教育机会均等观、建立对弱势人群子女教育机会均等的制度性保障、深化教育科研与决策互动机制等具有十分重要的借鉴与启示意义。更为重要的是，《科尔曼报告》的一个重要结论在于学校的物质条件并不是决定学生学业成就的核心因素，学校的作用在于帮助学生克服其出身不平等而带来的学业进步障碍，即以学校帮助学生成长的努力程度作为评价学校绩效的依据，它直接启动了以学生进步程度为核心的学校绩效评价新体系研究。事实上，有人根据《科尔曼报告》宣称"学校无用论"，针对这种观点，学校绩效评价在世界范围内进入一个新的阶段。学校效能在众多国家已成为学校评价的基本理论，其核心就在于以学生进步幅度来评价学校绩

---

① ［美］Martin Carnoy 编著：《教育经济学国际百科全书》，闵维方等译，352 页，北京，高等教育出版社，2000。

效，进而引导学校实施以提高教育质量为核心的发展策略，实现教育资源均衡配置，推动教育公平。

第二节　学校的使命：寻求学生最大幅度的增值

学校承担什么样的核心使命？学校对学生的发展究竟起何作用？对这两个问题的回答直接关系到学校评价的价值基础和路径选择。在科尔曼之后，回答这两个问题的研究集中表现为学校效能（School effectiveness）研究，试图从多个角度来解读学校的使命。

一、多视角的学校效能研究分析和比较

效能（effectiveness）就其字义来看，是指事物所蕴藏的有利的作用。从表面看，效能与效率、效益、绩效等词经常在一起使用，往往也极易被混淆。效能与这几个词的相互关系如下。

效能与效率（efficiency）的关系：效能是指事物能够发挥的作用，而效率从字义来讲，泛指日常工作中所投入的劳动量与所获得的劳动效果的比率，是事物发生作用时投入与产出的比值。效能所关注的是事物作用的"质"，是判断事物作用的性质和方向问题；而效率所关注的是事物作用的"量"，是判断事物作用的程度和速度问题。更简单的说法正如管理大师彼得·德鲁克在《有效的主管》一书中简明扼要地指出的那样：效率是"正确地做事"，而效能则是"做正确的事"。

效能与效益（benefit）的关系：效益是指效果和利益[①]，是人们活动所产生的结果和带来的利益。一般来讲，效益往往是从结果上来描述人们的活动，这种结果既有经济意义上的收益也有社会意义上的收益；而效能往往是从能力和过程上来描述人们的活动，发挥效能的结果就是效益。

效能与绩效（performance）的关系：单纯从语言学的角度来看，绩效包含有成绩和效益的意思。绩效用在经济管理活动方面，是指社会经济管理活动的结果和成效。与效能、效率、效益等概念相比，绩效一词具有更为综合和广泛的意义，除了包括效能、效率、效益等含义之外，往往还包括质量、公平等维度。

学校效能被认为是对学校绩效的测量指标。虽然不同的研究有不同的更

---

① 《现代汉语词典（第7版）》，北京，商务印书馆，2018。

为具体的界定，但从一般意义上讲，学校效能是指学校发挥作用的能力和其产生的结果。这一概念的内涵有两点：一是学校发挥的作用是指作为一个组织体的学校本身所发挥的作用，这就要求在考察学校效能时必须将学校之外的因素摒弃；二是学校达到其目标的程度必须是已经实现的和实际存在的成效。

基于不同学科的理解，对学校效能的研究也存在多个领域和方向。不同学科的研究假设和研究设计都试图解释和回答学校的核心使命这一问题，归纳起来主要有两个研究方向：一是以定量分析为主的学校生产函数的经济学研究；二是以定性分析为主的有效学校案例比较研究。

（一）学校生产函数的经济学研究

学校生产函数是经济学中的企业生产理论在学校领域内的运用，其立足点是将学校视作企业，学生是企业生产过程中投入的原材料，办学条件、教师等就是企业里的流水线和生产工具，学校教育的过程和目标就是将学生从原材料培养成产品。学校生产函数研究就是关注如何用更少的投入得到同样的产出，或者用同样的投入得到更多的产出。

在学校生产函数研究中，最直接的研究是对学生学业成就的影响因素分析，尝试得出哪些因素在教育过程中对学生学业成就有影响及影响的大小。一旦知道了影响因素和其重要性，就可以有的放矢，有针对性地增加投入、改进政策，以帮助学生取得更大的学业成就。同时，也将清楚地得到学校对学生发展的作用大小，从而帮助学校加强管理，提高工作效率。

自 20 世纪 60 年代学校生产函数研究兴起以来，众多研究已得出许多重要结论。一些研究表明，某些资源投入确实对学生的学习成就和其他教育成就有明显的正向影响。较为重要的研究主要有：卡得和克鲁杰（Card & Kruger，1992）的研究表明，上学时享有的学校资源的多少与其工作后得到的收入差距间存在正向关系；海吉斯、莱恩和格雷沃德对汉纳谢克 1979 年的研究数据进行的元分析表明，一些资源性投入具有明显的正向作用，其中生均教育经费支出的影响较大；弗格森（Ferguson，1991）和阿基里斯（Achilles，1996）发现，教师资格考试成绩、减小班级规模在幼儿园和小学前三年阶段对学生学业成就具有持续影响。

汉纳谢克对有关发展中国家的 69 项研究进行了整理。根据研究得出的结论，他比较了发展中国家和发达国家中不同因素对学生学业成就的影响，其结果见表 3-1。

表 3-1   发展中国家和发达国家中不同因素对学生学业成就的影响

投入指标	发达国家/%	发展中国家/%
生师比	15	27
教师受教育程度	9	55
教师工作经历	29	35
教师工资	20	30
生均支出	27	50

资源投入在发展中国家的影响较大，主要是因为其分布的较大差异。在发达国家，不管是人力资本还是物力资本校际分布是相对均衡的。瑞戴尔(Riddell，1997)指出，在计算学校产出如教育成就时，发展中国家学校间的差距平均为40%（原始分数）到30%（调整原始分数之后），这种差距与发达国家相比是相当大的。在发达国家，调整后产出差距在10%到15%(Bosker & Scheerens，1999)。

富勒和克拉克(Fuller & Clarke，1994)认为，发展中国家的学校主要在以下三个方面对学生学业成就有显著的影响：一是教材和教辅读物的可用性；二是师资质量，包括教师的专业知识以及口头表达技能；三是教学时间和对学生学业的要求。而与政策相关的因素如班级规模、教师工资等的影响并不显著，或不具有持续性。富勒和克拉克在解释这些研究结果时指出，在研究发展中国家的学校效能时，必须注意到文化差异上的可能性。这决定了为什么一些变量在一个国家是起作用的，而在另一个国家是不起作用的。他们列举了四个因素：家庭对教育的现实要求；在提供一种与当地文化不同的外来文化时，学校应对家庭需求的反应；教师使用教育工具的能力与偏好；教师教学行为与本地道德传统之间的融合。对这些问题的研究与学校效能研究的其他缺陷如缺少成本—收益分析及时间序列设计研究一样，需要更为复杂的研究设计。因此，如何准确衡量学校对学生个体发展的作用，将学校的影响从学生个体差异及学校所处区域的经济、社会和文化差异中单列出来，清晰地表现出学校管理、校园文化、师生关系等因素对学生发展的影响作用，就成为学校效能研究的重大课题。

（二）有效学校案例比较研究

有效学校案例比较研究是针对"学校无用论"的直接回应，其假设是高效能学校有共同的长处，总结归纳这些长处，可以得出能够推广的普遍经验。重点是在坚信学校对学生发展有正相关作用的基础上，研究如何从改善学校管理、加强校园文化建设、改革评价体系等方面提高学校教育教学质量。

这类研究的主要方法是比较高效率学校和低效率学校的组织行为方式，通过典型对比归纳影响因素并提炼成为改进措施，其潜在的假设是低效率学校在借鉴和学习高效率学校的这些措施后，也将会变得更有效率。典型的研究成果主要有 Brookover(1979)等人的著作《学校导致差异》(*School can make difference*)、《学校是有用的》(*School matters*)。其显著特征在于试图打开学校这个"黑箱"，研究相关的教育活动组织、内容和结构，形成有规律性的教育经验和操作模式，并在其他学校推广应用。

早期的有效学校研究得出了影响有效学校五因素说：①强有力的教育领导；②对基本技能的获得；③有秩序的和安全的环境；④对学生学习成就的高期望值；⑤对学生学习过程的经常性评价。随后的研究者们将之拓展到七因素、十四因素等。近年来，更为复杂和广泛的学校影响因素模型大量出现。但有效学校研究的方法在方法论上存在较大的漏洞：在质量好、效率高的学校中归纳出来的做法移植到质量差、效率低的学校，并不能取得明显实效。事实上，每一所学校的特殊环境和个性特点注定了不可能有一种统一的学校改进模式。简单的比较得到的经验只能借鉴，而不能作为改革学校的依据。

二、增值的内涵

掀开学术语言的面纱，学校的真正使命何在？布卢姆曾经指出：对于一所学校而言，教育必须日益关心所有学生的最充分的发展。学校的责任是寻找能使每个学生达到最高学习水平的条件，一所高质量的学校应该"能够使学生实际的学习进步大于根据其起点水平所可能取得的进步"。[①] 而这种基于学生进步幅度的学校评价正是学校增值评价的根本点，即成功的学校是对学生发展有增值作用的学校。

什么是增值(value added)？"增值"一词起源于经济学，是指投入如原材料、能源和最终产品销售价格间的区别。近年来，增值这一概念的含义有所变化，往往是指高质量，其价值由生产过程中所应用的高科技导致。这也是"增

---

① 冯之浚等：《现代教育》，177 页，杭州，浙江教育出版社，1999。

值"经常被等同于"高质量"并广泛用于质量评价的原因。

将增值应用于教育评价时，序润斯(Scheerens)认为"增值"就是学生各方面素质在输出与输入对比时产生变化的部分。以学生的学习进步程度为指标，同时考虑该指标同学生的学习进步有关的各类因素，而不是以学生的某次考试成绩为评价指标，正是学校效能增值评价的先进之处。其内在要求是教育必须尽量提高学生发展全程的附加价值，即精心设计与合理安排教育与教学过程，提高每一阶段教育对学生成长和发展的辅助作用。20世纪90年代后期，学校效能增值评价已被教育决策者、学校管理者、教师和学术研究者广泛应用，并被公认为对学校绩效和效能的一个更加公平或精确的测量。

三、增值评价的提出

增值评价的主要内容是以学生学业成就为评价依据，通过相关的统计分析技术把学校对学生发展的影响从诸多相关因素中分解出来，特别是强调控制生源因素对学生最终学习质量的影响，从而实现对学校教育教学效果"净"影响的评价。

以只考虑学生的入学成绩来举例说明。对学校的增值评价要求把每一所学校的每一名学生与有相似的入学成绩的所有学生进行比较：如果他们在毕业测试中取得的成绩比所有学生的平均成绩好，其增值为正；如果低于所有学生的平均成绩，其增值为负。将每所学校所有学生个体的增值成绩汇总平均，即是学校的增值分数。在学校评价实践中可能出现如下情况：虽然学校A的学生毕业考试成绩比学校B好，但与学校B的学生比较，学校A的学生进步幅度反而小，即学校B是一所更为成功的学校。

与现有的以升学率、优秀率等指标为依据的学校评价体系相比，增值评价具有三个特点：一是将学生进步和变化作为评价的核心。增值评价强调学校的核心使命是教好每一个学生，确保每一个学生成功。学校教育质量的高低不在于有多少学生升学，而在于让每一个学生都体验成功的快乐，体现在鼓励学生积极主动地学习、培养学习兴趣和进取精神，服务学生快乐成长需要，二是面向全体学生，每一个学生的增值情况累计为学校的增值结果。增值评价着眼于要求教好每一个学生，让每一个学生得到充分发展。发展不仅是指学习成绩的提高，它是包括学生身心健康在内的全面发展。每一个学生都是独特的，都在某些方面具有无限发展的可能；每一个学生都是自己发展的决定性力量，在所有方面都可以不断进步。在教师的帮助下，学生发现潜能，发挥特长，获取新知，超越自我。三是实现对学校的教育教学管理水平的真实评价。增值评价以个体的进步和发展作为依据，着眼于考察学校对学生发展的引导和辅助提升功能。通过评价，鼓励学校为每一个学生提供均等享受优质教育资源的机会，使每一个学生在学校内都能接受良好的教育。通过增值评价使学校对学生发展的辅助作用回归真实，在增值评价中获得好评的学校才是真正的好学校，从而成为名副其实的学校评价。

与其他学校评价方式相比，增值评价更有利于有效引导学校从重投入到重过程、从重生源到重培养、从单纯注重结果到关注教育全过程的评价。对于那些基础条件较差但仍然做出了大量工作的学校，增值评价能充分反映出它们的努力程度。增值评价科学合理地反映了每一所学校的工作绩效，有助于建立科学的学校发展观，公平合理、科学全面地评价学校，促进学校的特色建设与均衡发展。

增值评价结果有较为广泛的应用范围：第一，应用于教育行政部门的教育质量监控。教育行政部门可依据学校增值评价分数对学校进行工作绩效考核和教育教学督导检查。第二，应用于学校自我评价。增值评价可以提供学生个体的进步程度、学校课程目标的完成程度等信息，同时可以促进学校的自我改进和发展。第三，为家长深入了解学校教育质量提供信息。通过增值评价可以得出各个学校对学生学业成就提高作用的大小，以及学校各专业、各年级的学生增值大小的详细情况，家长可据此得到当地学校教育教学质量的可靠信息。

第三节　增值评价技术和方法

基于学生学业成就进行学校、教师和学生评价是当前教育评价的主要方法，但对如何使用学业成就一直存在较大争议。一般说来，主要有两种方法：一是在同一时间对不同群体的学业成就进行比较。此种方法是对连续的多个群体的学业成就进行比较，学校和教师的工作成绩是通过比较前后两个人群的进步幅度来评定。对学生个体没有进行时间序列的跟踪，将特定年级的学生与同样年级的前一群学生相比较。二是用学生在特定年级达到或超过特定成绩水平的比率来评定，我们现在主要采纳的用初中或高中毕业考试的及格率来评价学校就是一例。美国的《不让一个孩子掉队》法案中，对学校的评价采用的也是此方法：如果州政府想获得联邦资助，就必须确保取得"足够的年度进步"（Adequate yearly progress，AYP)并达到不断提高的学生学业成就标准。

与上述两种方法不同，增值评价是监控学生学业成就的进步幅度，并使用统计模型来估计教师或学校对这种进步的贡献。在统计方法意义上，任何教育成就模型只要是将现在成就与前期成就相比较，分析其变化情况，就可以称为增值评价方法。增值评价常被许多批评者认为理念简捷、方法繁杂，不具有在中小学和一般人群中推广的价值。此批评有一定道理，但又不符合实际情况。因为在评价技术和方法意义上存在两个相差悬殊的思路，虽然复杂的方法正如批评者所言，但简单的方法却是易于掌握和推行的。本节将依据英国、中国香港等地推进增值评价的实践和政策路线，分析增值评价的技术路线和方法。

一、描述性统计分析

以对学生学业成就的增值评价为例。假设我们现在对某区的初中学校进行增值评价，要求具有两个基本条件：①所有的初中学生都必须有一个入口成绩，此成绩既可以是学生进入初中学校后的第一个学期的期末统一测评成绩，也可以是学生小学毕业时的测评成绩。考试科目可不受限制。②所有的初中学生都必须有一个出口成绩，即在进行增值评价前统一组织进行的测评的成绩。这两个成绩可以通过学生的姓名、学号等信息进行联结，即每一个学生都必须有这两个成绩。增值评价的描述性统计分析的基本步骤如下。

第一步，将入口成绩原始分转换为标准分。由于不同学科的测评试卷的难度、区分度等在命题时存在差异，不同学科的原分数间不能直接进行比较。例如，学生语文考试得了 80 分，数学考试也得了 80 分，但这两个 80 分不能被认为是相等的。要比较这两个分数，必须将原始分转换为标准分。依据测评理论，大样本测评的分数符合正态分布，常用的标准转换为 Z 分数转换。Z 分数是原始分与平均分的离差与标准差的比值，用公式表示为：

$$Z = \frac{X - \overline{X}}{S}$$

其中，X 为该次考试中考生个人所得的原始分；$\overline{X}$ 为该次考试中全体考生的平均分；S 为该次考试分数的标准差。标准分有如下性质：①平均值为 0，标准差为 1；②分数之间等距，可以作加减运算；③原始分转换为标准分是线性转换，不改变原始分的分布形状，也不改变原始分的位置次序。

第二步，将出口成绩原始分转换为标准分，方法同上。

第三步，将转换后的入口成绩分组。将标准化处理后的入口成绩划分为若干个区间，一般说来可以划分为5～10个区间。划分区间越多，得到的值越精确。在全区范围内，计算每个区间内对应的平均出口成绩（见表3-2）。

表3-2　划分入口与出口成绩区间

入口成绩分组	[1—1.5)	[1.5—2)	[2—2.5)	[2.5—3)
全区的平均出口成绩	1.8	1.9	2.4	2.7

第四步，计算每个学生的增值分数。将每个学生的入口成绩对应其分组，查找其相应的出口成绩，与全区范围内出口成绩的平均值进行比较，计算出相应的差值，此即为每个学生的增值分数。高于全区平均值的即为正增值，相反的即为负增值。

第五步，计算每所学校的增值分数。学校内每个学生的增值分数相加的平均值即为学校的增值分数。

在英国小学增值评价方案中，普遍采用描述性统计分析方法。以英国学生KS1(Key stage1)—KS2(Key stage2)间的学校增值评价为例，其计算方法基本如下。

KS1是英国学生在完成第一阶段学习后的考试，一般是在学生2年级、7岁时进行，考试内容包括阅读、写作、数学（见表3-3）。KS2是英国学生在6年级、11岁时必须参加的3级或以上水平考试，考试科目包括英语、数学、科学。如何评价学生在KS2阶段时学校的绩效？传统的做法是直接比较各个学校的学生在KS2阶段时的优秀率和达标率等，但这种评价方法是不科学的。例如，学校A的学生的KS2测试的优秀率或合格率比学校B的学生更高一些，但学校A的学生在KS1测试时的表现就比学校B的学生要好，因此并不能反映出学校A的成绩在从KS1至KS2期间比学校B高。针对此种评价方法的不足，必须将不同学校的学生的KSI成绩因素考虑进来。在增值评价中，每一所学校的学生都是与有相似的KS1成绩的所有学生进行比较：如果他们在KS2测试中取得的成绩比所有学生的平均成绩好，其增值为正；如果低于所有学生的平均成绩，其增值为负。将每所学校所有学生个体的增值成绩汇总平均，即是学校的增值分数。具体方法和步骤如下。

第一步，确定纳入评价的学生范围。纳入评价的学生必须是有资格参加KS2测试并且有KS1测试成绩的。

第二步，将KS1和KS2测试成绩的等级转换为分数。在进行增值评价时，

41

必须基于测试分数。在计算 KS2 平均成绩时，首先将 KS1 成绩分成 24 个区间，然后计算各区间中各门课程的全国平均分。不同年份的平均分各不相同，表 3-4 中的 KS2 课程平均成绩是 2019 年的各区间测试成绩的全国平均分。

表 3-3　KS1 阶段所有课程的分数

KS1 的测试水平	阅读	写作	数学
缺席	无	无	无
未参加	无	无	无
缺失	无	无	无
未达到水平 1	3	3	3
1	9	9	9
2C	13	13	13
2B	15	15	15
2A	17	17	17
3	21	21	21
4	27	27	27

表 3-4　KS2 阶段所有课程的分数

前期成绩分组 (PAG)	KS1 平均成绩 (APS)	同组 KS2 阅读 平均成绩	同组 KS2 写作 平均成绩	同组 KS2 数学 平均成绩
1	$0 < APS < 1.75$	61.82	61.76	62.11
2	$1.75 \leqslant APS < 2$	66.02	65.58	66.71
3	$2 \leqslant APS < 2.25$	69.35	68.75	70.16
4	$2.25 \leqslant APS < 2.5$	72.74	72.27	73.88
5	$2.5 \leqslant APS < 2.75$	76.49	75.53	77.44
……				
20	$18 \leqslant APS < 19$	108.00	105.44	107.81
21	$19 \leqslant APS < 20$	109.00	106.68	109.00
22	$20 \leqslant APS < 21$	109.96	106.06	110.82
23	$21 \leqslant APS < 21.5$	112.33	110.06	112.10
24	$21.5 \leqslant APS$	115.46	111.74	115.57

第三步，依据表 3-3 和表 3-4 计算每个学生的 KS1 和 KS2 成绩分数。如某学生的 KS1 成绩分数见表 3-5。

表 3-5　某学生 KS1 成绩分数

学生	阅读	写作	数学
水平	3	2A	3
分数	21	17	21

则此学生的 KS1 平均分数为：（21＋17＋21）/3＝19.7，对照表 3-4，则此学生的 KS1 平均成绩位于第 21 区间内。计算学生个体的 KS2 成绩分数与全国平均 KS2 成绩分数之差，即可得到其 KS2 成绩增值分数（见表 3-6）。

表 3-6　某学生 KS2 成绩增值分数

学生	英语	数学	科学
测试分数	115	110	111
增值分数	6	3.32	2

第四步，计算每所学校的增值分数。学校内每个学生的增值分数相加的平均值即为学校的增值分数。比较各个学校的增值分数大小，就可以看出各个学校对学生学业成就进步的作用孰高孰低。

二、多水平模型分析

简单的方法得到的结果是相对粗糙的，上述描述性统计分析的不足之处在于它仅仅考虑了学生的入口成绩因素，没有将学生的家庭背景与学校的办学条件、教育经费、师资水平等基本情况考虑在内。同时，20 世纪 80 年代以来，人们越来越认识到教育活动中存在多层次嵌套结构问题，即在研究教育问题时必须考虑到不同层级之间的包含和从属关系。例如，学生从属于班级，班级从属于年级，年级从属于学校。同一班级学生之间的差异小于不同班级学生之间的差异，同样，同一年级班级之间的差异小于不同年级班级之间的差异。在分析学生间、班级间等差异时，必须考虑到其是不是在同一个层次内，否则会导致较大的统计误差。

针对多层次嵌套结构问题，多水平回归分析模型在近 20 年中逐步发展成熟起来，其也常称为多层线性回归模型。与一般的多重回归相比，多水平模型有许多优点，其中最重要的是它考虑到了学校与学生之间的嵌套问题。它可以将学生和学校这两个分析单位同时纳入模型中去（Thomas，2003），从而更加准确地分离出学校对学生的影响作用。多水平模型应用于增值评价分析后，极大地推动了学校效能研究的发展。就学校层面的测量而言，它已是我们目前评价学校对学生影响的最准确的工具（Lesley Saunders，1999）。

在研究文献中，增值似乎已成为多水平模型分析（Multilevel analysis，MLM）的专用名词。但从回归技术和方法层面看，"增值"是指回归方程中回归计算后的参差值。因此，利用常规的线性回归方程仍然可以进行增值评价的分析。但正是由于 20 世纪 80 年代以来多水平模型的发展，"增值"一词几乎专指利用多水平模型计算后的残差数。此残差数是在控制自变量特别是"入口"因素变量后，仍然没有得到解释的因素所导致的残余方差。以二水平模型为例，其理论模型如下。

$$y_{ij} = \beta_{0ij}x_0 + \beta_{1ij}x_{1ij} \quad \beta_{0ij} = \beta_0 + u_{0j} + e_{0ij} \quad \beta_{1ij} = \beta_1 + u_{1j} + e_{1ij}$$

y 为因变量，在学业成就分析中即为标准化后的学生出口成绩；x 为自变量，包括学生入口成绩、性别等，也包括学校经费、师资水平、办学条件等因素；i 为水平 1 单位，j 为水平 2 单位，在学业成就分析中分别指代学生个体和不同的学校。β_0、β_1 为固定参数项；u_{0j}、e_{0ij}、u_{1j}、e_{1ij} 为随机项，且均为正态分布。通过多水平模型计算后，可以将学校经费、师资水平、办学条件等外部因素排除，并将同一学校内部的学生之间的差异也排除，得出的增值结果就是学校的管理、文化、校风、教师教学水平、学生工作等潜在因素对学生发展所起的作用，从而实现对学校、教师真实工作绩效的评价。

以中国香港教育部门的增值评价为例。从 20 世纪 90 年代开始，中国香港教育部门就建议学校应用学校增值资料系统（Schools Value Added Information System，SVAIS）作为学校自我评价的工具。学校通过此系统分析学生学业测评数据，探讨学校增值模式的原因，制订学校改进计划，自我完善。1999 年启动增值评价系统应用研究，2003 年正式推出增值评价系统。

自 2008 年中国香港学校表现指标发布后，学校增值评价作为学校表现评价的重要依据被纳入其中，计算的数据主要包括：利用学生学习能力指数（根据学生升入中学时学位分配办法的标准计算得出）、中学会考和高考的成绩，采用合适的统计方法，分别计算出学生在中一至中五学习阶段和中六至中七学习阶段的增值情况。2003 年起，中国香港教育局改良了中六至中七学习阶段的增值计算方法，选取高考和中学会考主要三科的成绩数据，以进一步提高数据的信度和效度。（见图 3-1）

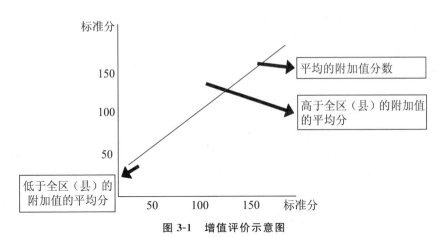

图 3-1　增值评价示意图

注：根据中国香港教育局学校增值评价示意图改编。

在原始分的转换上，中国香港教育局采用的是标准的九位数转换。九位数是标准分转换的一种形式，它的平均分为 5，标准差为 2，最小为 1，最大为 9。采用九位数来分别对入口成绩和出口成绩进行界定。在界定入口成绩时，中国香港教育局采用的一个提法是相类收生学校。在对中一至中五学习阶段进行增值评价时，是将每所学校中五学生入读中一时的平均学习能力指数（AAI）作为学生入读中一前的学习能力依据；在对中六至中七学习阶段进行增值评价时，是以每所学校的中七学生入读中六时的中国语文、英国语文（课程甲或乙）和数学三科的平均得分作为学生入读中六前的学习能力依据。把每所学校的两个平均得分各自按顺序排列，分别转换为两个九位数组别，具有相同的九位数的学校就可归为相类收生学校。

随后，基于每个学生进行增值分数计算。中国香港教育局现在进行的是对每个科目的增值分数计算，把每所学校的科目增值估计值得分按顺序排列，然后也转换为九位数组别。将每个科目的九位数与其相类收生学校的九位数进行比较，就可以直观地了解学校在相关科目上的增值效果。在中国香港的增值评价操作中，为确保增值评价的信度，如果参加测试的学生少于 10 个，将不能进行增值评价；同时，美术和音乐学科的测试准确度不高，不宜进行增值评价。

由于 2009 年开始推行新学制、2012 年举行首届文凭考试，2013 年增值评价系统进行了更新。模型技术和方法仍然沿用原有的方案，根据学生考试科目的变化在具体纳入增值评价的学科上进行了改革，细化了学校增值评价的内容，例如增值差异效益报告、多项科目报告等。

三、专门软件和专业化应用

随着统计软件开发技术的加强，一些专门进行增值评价的软件已在教育研究和教育管理实践中推行开来。就多水平模型技术而言，最成熟的两个软件分别是 MLwiN 和 HLM。

MLwiN 软件是由英国伦敦大学教育研究所 Harvey Goldstein 教授领导的团队研制成功的，其前身包括 MLn 以及更早的 ML3。MLwiN 的显著特点是提供了图形化的用户界面和更加广泛的适用范围，新开发了绘图、模型诊断和数据加工等方面功能。它不限定拟合的水平数，并能得到测量误差和标准误的稳健估计，同时用户界面友好，使用方便快捷。

HLM 软件是 Hierarchical Linear Model 的简称，其中文意思是等级线性模型，与多水平模型是同一个含义。其主要功能与 MLwiN 软件并无本质区别。

随着计算机技术和软件技术的发展，以及多水平统计模型在医学、心理学、人口学、经济学等众多领域的快速发展和广泛应用，越来越多的专业软件和应用软件开始纳入多水平统计模型，或将其作为一个相对独立的统计分析模块。需要特别介绍的是，在著名的统计专门软件 SAS 中，2000 年专门针对学校效能的多水平统计分析开发出了"SAS EVAAS for K-12"统计分析模块。此模块是立足于美国田纳西州增值评价系统开发出来的，可以为学校、教师和教育管理人员提供基于网络的增值评价，为增值评价的推广提供了更为方便的途径。

第四节　增值评价的再评价：优势与不足

与已有的学校评价方法相比，增值评价至少有两个突出的优点。一是增值评价可以将学校的作用从众多非教育性的因素中分离出来，如家庭背景、学校可得到的经费和资源等。这种分离对于真正评价学校的作用是十分重要的，也是长期以来困扰学校评价的重大难题。二是增值评价可以得出影响学校表现差异的因素，如果把这些被证明行之有效的因素用于薄弱学校的管理，那么将大大提高学校绩效。

正是由于增值评价在统计分析技术上的突出特点，许多人仅将增值评价视为一种评价技术，甚至简化为一种新的考试成绩分析方法。事实上，从评价系统的角度看，增值评价的出现具有更为重要的意义。

增值评价是作为一种新的评价理念而存在的。在评价体系中，最重要的是评价理念从结果性评价向发展性评价的转变。发展性评价的本质要求是关注过程、关注变化，并通过评价了解影响因素，推进评价对象的改进和发展。增值评价正是发展性评价的一种，它强调以每一个学生的进步幅度来评价教师和学校的工作水平。就其所反映的教育理念而言，它与我国素质教育倡导的面向全体学生、促进学生全面发展的思想不谋而合，也正如陶行知先生所倡导的教育观：教育是教人变，教人变好的是好教育，教人变坏的是坏教育。活教育教人变活。死教育教人变死。不教人变、教人不变的不是教育。[①] 增值评价正是面向所有的学生，考查其在学校期间的进步幅度，以通过学生的变化来评价学校和教师的工作绩效。

增值评价具有追求评价公平的价值内涵。评价的公平性是评价可持续推进的基础，也是评价模式改革和创新追求的目标。评价的公平性要求评价的客观真实，具体到学校和教师评价中，最突出的要求是客观真实地判断学校和教师本身的努力程度，例如教育教学管理、校园文化、校风建设，而将办学条件、教育经费等学校和教师不能改变的先天差距排除在外。这样的评价才能真正让学校和教师看到通过自身的努力所产生的变化，也才能真正评价学校和教师的工作绩效。增值评价正是从公平性要求出发，通过多层线性回归技术或对类似学校效能的比较得出学校和教师对学生发展的帮助的作用大小，即增值的作用大小。

增值评价的另一个显著特点是较好地满足了教育问责的需要。在世界范围的教育改革浪潮中，加强教育问责已成为普遍趋势。例如，在美国《教育部2002—2007 年战略规划》与《不让一个孩子掉队》法案提出的指导原则中，最为重要的就是建立成绩问责体系，要求各级政府和学校对学生学业成就担负责任，而不能将学生学业失败归因于学生个体。如何科学而公平地问责？常用的方法是目标问责，即在规定的工作周期内以预设目标为标准实施问责。如《不让一个孩子掉队》法案要求各州每年对 3～8 年级的所有学生进行阅读和数学测试，对学生学业成就进行追踪监测，并将学生学业成就与政府对学校的拨款相联系，明确提出通过高标准和效能核定来实现平等。但在实施一段时间后，各地政府发现：有关学校绩效责任制的评价方案对学校是不公平的，不利于本区

---

① 陶行知：《师范生的第一变——变个孙悟空》，见《陶行知全集（第 2 卷）》，591 页，成都，四川教育出版社，1991。

域内教育公平的推进。其主要问题就在于：用学生学业成绩绝对达标线来要求所有的学校对于生源较差的学校不公平，同时容易导致学校在教育教学实践中出现不符合教育公平要求的生源竞争、对差生的区别对待等问题。

增值评价还具有较好的可操作性。在众多新出现的评价模式中，许多方案仍停留在理念层面，例如素质教育评价迄今仍未有较好的操作性方案。而增值评价在发展性评价理念的指引下，有十分清楚的评价程序、方法和规则，能够得出易于解释的评价结果。正是由于其良好的可操作性，20 世纪 90 年代以来，学校增值评价在许多国家逐步推广和实施。

此外，增值评价还具有广泛应用价值，如用在教师评价中。华盛顿的教育信托(Education Trust)在一份名为"教师的真正价值"的报告中认为：增值评价是选拔教师和评价教师工作成效的最好方式，并能够激励教师更多地关注班级中来自贫穷家庭的学生和少数民族学生。他们认为，增值评价揭示了教师的真正价值：利用新的关于教师工作成效的信息缩小学生学业成就差距。田纳西州的增值评价研究也发现，在其他条件相同的情况下，在 100 分制计算的测评中，工作最有成效的教师可以在 3 年内将学生学业成就提高高达 50％。

但增值评价也是一把双刃剑。增值评价试图更为合理地理解学校在促进学生发展中的真正作用，并可供政策制定者、家长们更为清楚地了解学校成效。但正因为如此，英国、美国等在学校评价政策层面引入增值评价后，增值评价成为对学校具有高利害性的评价方法。而高利害性事物必然带来高度关注，也必将导致更多的指责和批判。概括起来，对增值评价提出的批评意见主要包括以下三方面：一是成本高昂。2004 年，美国田纳西州审议是否继续进行增值评价，每年 400 万美元的昂贵支出是一个争论焦点。二是技术复杂。多水平模型的分析需要具备专业的统计技术人员。三是过分注重考试成绩，不能全面反映学生的发展。

这些批评是对的，但同时又是片面的。在抱怨增值评价需要建立学生发展数据库，需要研制开发学生、教师和学校测评工具从而导致成本高昂的背后，反映出了现在学校管理体系的落后与不适应。基于数据的管理应是现代学校管理的重要特征之一，如果学生入学时即建立起其信息的电子化档案，教师和学校管理也有基于计算机和网络系统的平台，并建立了对学生发展和学校教育质量的测评系统，那么增值评价的实施不过是对这些信息和数据的再处理和分析过程，并不需要更多的花费。将这些基础性的支出记在实施增值评价头上显然是不公平的。

关于增值评价过分重视考试成绩，不能全面反映学生发展的批评也是不能接受的，其原因在于批评者没有了解增值评价的技术本质。从技术上看，增值评价可用于任何内容的评价，可以是考试成绩，也可以是道德发展、体质健康等内容。现行的增值评价大多表现为学生学业成就评价，一方面是因为学生学业成就评价更为容易，对学生学业成就的测评是学校管理和课堂教学的常规工作，同时也是政府、社会、家长、校长、教师和学生最为关心的内容。但这并不意味着增值评价只能用于学生学业成就评价，如果学生道德发展和体质健康水平可以得到有信度和效度的测量，就可以运用增值方法进行评价。因此，实施增值评价的必备条件实际是两条：一是要有针对前后发展的数据变量，二是必须以个体信息为基础。至于具体是什么内容，并不重要。

在这些批评的背后，还隐含着对增值评价不切实际的期望。增值评价不能解决所有的问题，事实上，没有任何评价能够完成所有评价目标。增值评价能够也只能够通过对学生个体的测量，评价学校、教师在学生前后发展变化中的作用。不同的评价指标如出勤率、毕业率等仍有不可替代的功能，它们反映的是学校管理和绩效中另外一些重要的方面。正是通过这些指标间相互关联、相互作用的有机联系形成了评价指标体系，以寻求对学校价值和过程的全面反映。

我们更应该清醒地认识到：将增值评价结果用于绩效评价时应当谨慎，因为增值评价结果在年度之间变化可能较大。一般而言，推荐采用三年间增值评价的移动平均值。有学校增值评价的实施者认为：增值评价只能反映学生的考试表现，不能反映学生考试成绩的实际水平，也不能指出增值的成因。另外，还应注意如何处理增值评价中常见的学生参与率和流动情况。由于学期之间存在各种学生流动情况，如转学、休学、退学等，在实施增值评价时所纳入的学生数并不是固定不变的。因此必须对增值评价的最低学生数和学生流动情况进行限定，在学生数太少、学生流动率过高的情况下，就不能开展增值评价。

在增值评价的使用中还需注意区分，不能将其结果绝对化。从统计技术上可以发现，增值评价所论证的是影响学校绩效的相关因素，它是对影响学校工作的相关因素的分析，而不是对决定学校工作成效的原因的分析。因此，不能将增值评价得出的结论简单地等同于对学校工作成效的判断。正确的办法是：依据增值评价得出的结论，进一步收集相关资料和证据，以制定出更为全面和科学的决策。

　　将增值评价用于教育评价之中，注定要引发很多争议。最为明显的一点就是教育界传统的抗拒心态——不愿意接受企业的管理方法与语言，许多教育工作者一直不喜欢拿教育历程跟生产工业产品作类比。此外还需要记住的一点是：在包括增值评价在内的任何评价中，方法永远不是实施评价方案中最重要的方面。对评价者而言，最大的挑战就是如何采用学术的程序来组织评价的问题和程序，并让评价能够得以贯彻实施。评价是一种实践，是科学和艺术的结合。

第四章 学校增值评价的实践：
国际趋势和国内探索

20 世纪 80 年代以来，学校增值评价迅速地从研究阶段进入政策实践阶段，越来越多的国家推行学校增值评价。在我国也有部分地区和众多的管理人员、研究人员、学校管理者、教师和家长关注学校增值评价，并尝试从我国实际出发，探索建立具有中国特色的学校增值评价体系。

第一节 推行增值评价的国际共识

科尔曼在其报告中并没有提出学校增值评价问题，但由于其研究结论引发了世界范围内对学校作用的争论，直接催生了学校效能评价的出现。以《科尔曼报告》为起点，学校增值评价研究从 20 世纪 70 年代以来在世界范围内逐渐发展起来。

一、英国：最为深入的推行者

在 1966 年美国的《科尔曼报告》发布之后，英国也于 1967 年发布了《普洛登报告》(*Plowden Report-children and their primary schools*)，报告中得出的结论与《科尔曼报告》的结论近似，在英国教育界引发广泛反响。20 世纪 80 年代以来，英国国内新一轮的教育改革与发展要求日益高涨，其中最主要的是要求对学校进行绩效评价。这种要求一方面是由于英国社会希望教育机构能够培养出更多符合发展要求的高素质人才，另一方面也是由于长期以来英国的教育支出在公共财政体系中所占比例居高不下，但缺少对其使用效益的评价和审计，社会各界要求学校在得到更多投入的同时必须承担更多的教育责任。随着 20 世纪 70 年代英国经济的滑坡以及新闻界和右翼团体对学校不良状况的不断曝光，公众开始对学校的教学质量和教师的素质产生严重的信任危机。既然公立教育经费来自广大的纳税人，它就应该对社会和公众负责。面对社会各方面的压力，英国政府开始加强对教育的外部控制，以使学校更好地为教育负责。以 1976 年工党首相卡拉汉在拉斯金学院的演讲为标志，英国政府开始干预课程，加强对课程的控制。为了解学校、地方教育当局完成课程的情况以及履行自己职责的情况，需要建立统一的评价体系，获取教育质量和学校绩效等信息。

加强学校绩效评价也是提高学生学业成就标准的需要。1983 年英国公布了一份报告，比较了英格兰和当时的联邦德国学生的数学成绩标准，比较的结果是，联邦德国的能力处于后 50% 的学生达到的水平相当于英国整个能力范围的学生取得的平均水平。许多其他学生成绩的国际比较也显示出，英国学生在国际成绩名次表上的排名并不靠前。这更加快了英国政府提高成绩标准，监控教育质量的进程。而以前的国家评价项目——成绩评价单元只对少量学生样本进行匿名测试，不能令人满意地对国家标准的趋势作出评论。此外，随着国家课程的出现，也需要新的测量措施。为提高教育质量，需建立新的评价体系。

但如何评价学校绩效是一个具有挑战性的问题，英国国内在 20 世纪 80 年代对此问题的争论十分激烈。最初是通过学生的毕业考试成绩来评定学校绩效，随后又采用学生学业成就目标的达标度作为指标，但这些方法都不完全科学和合理。例如，以某次考试的成绩或某个目标的达标度作为考核指标，其主要缺陷在于没有将学生到本校之前所取得的成绩以及学校之外的影响因素排除，容易引发学校间越来越突出的两极分化问题，即薄弱学校越来越差，而优势学校因为评价带来的投入增加而越来越好。

20 世纪 90 年代以来，英国的教育政策理念发生明显改变，"效率优先、质量至上、兼顾公平"的价值取向向"有差异的平等、公平与质量并重"转变。面对推进教育公平、促进科学公正评价学校绩效的需要，教育科研机构和地方教育当局联合开展了学校增值评价的研究和实验。例如，从 1992 年开始在兰开夏郡（Lancashire）开展的学校增值评价，就是由当地教育行政机构与大学研究机构合作进行的。最开始只有 11 所中学，1993 年扩展到 87 所，1994 年将所有的 98 所中学都包含进来了。[①] 在汉普郡（Hampshire），学校增值评价研究项目也取得了成功。

与此同时，推进增值评价的基础条件也逐渐成熟。随着学校内部数据统计体系的建立，包括学生学业测评、学校管理、教师发展等数据内容越来越丰

---

① Jaap Scheerens, Cees Glas and Sally M. Thomas. *Educational Evaluation, Assessment and Monitoring: a systemic approach*. Swets & zeitlinger publishers, 2003.

富。例如，英国督导工作所依据的学校绩效评估报告中，就采集了学校的基础信息和督导指标数据；自 1998 年起，英国教育与就业部向社会公开发布的秋季数据集（Autumn Package）中包括了学生学业成就的时间序列追踪调查数据。此外，从 1999 年开始，英国建立了统一的学生学籍系统，每一个学生都有一个终身唯一的学号，以此为基础建立了国家学生数据库（National Pupil Database，NPD）；自 2002 年起，在全国实行学生学业水平年度普查（Pupil Level Annual Schools Census，PLASC）。这些基础数据及全国性的制度安排为开展增值评价提供了坚实支撑和有力保障。

英国学校增值评价实践也不是一帆风顺的。1995 年之前，教育部并不愿意采用增值评价方法，还是坚持"原始分数"的办法，因为它简单明了，而增值评价相对复杂一些。例如，1992 年，英国政府为了推行学校问责，实施了学校排名表制度（School League），仍然采用传统的在普通中等教育证书（General Certificate of Secondary Education，GCSE）考试中有 5 门取得"等级 C"以上成绩的学生比例指标。到 1995 年，当时的教育与就业部委托学校课程和评价局（Schools Curriculum and Assessment Authority，SCAA）设计和组织了全国的增值教育抽样体系。2002 年第一次发布中等学校的增值评价指标值，开始逐渐在全英格兰和威尔士推行学校增值评价模式，并将增值评价指标作为一项重要的创新性指标加入到现有的学校评价指标体系中。

从技术层面看，如前所述，可以将英国学校增值评价分为两类：第一类是描述性统计分析；第二类是多水平模型分析。多水平模型分析的增值评价的优点在于：它不但考虑了学生的入学成绩因素，还将学生的家庭背景、学校的基本情况等因素考虑在内。英国教育与就业部在 KS2（Key stage2）—KS3（Key stage3）阶段就采用此种方法对学校效能进行评价。在多水平模型分析中，英国学校增值评价指标包括：前测成绩，性别，民族，年龄，特殊需要的教育情况；母语是不是英语；灵活性，需特殊关照的学生数，是否免费在学校用餐等，这些指标数据来源于 PLASC 数据库。通过将这些因素对学生学业成就的影响剥离，最大限度地得到了学校对学生学业成就的影响大小。两类增值评价方法和技术路线在英国国内一直并行，二者各有优缺点，针对不同阶段学校采用不同技术特点的方法不失为合理和现实的解决方案。同时，纵观近十年来英国增值评价的技术方案，仍处在不断改进和完善之中；在具体实施增值评价时，也在不断改进和完善方法和技术。例如，在《2019 年的小学的责任：技术方案》中，规定学生学业成就的评价成绩必须达到预期分数后才能参与增值评价，这就有效地回避了个别学生学业成就的极差分值影响整体评价的稳定性。

英国增值评价顺利推进的最主要的经验，是其丰富的数据统计基础。在英国政府的官网上，我们可以很方便地查询到任意一所中小学的统计信息，如学校、学生和教师的基础信息以及学生学业成就等，其中就包括全校学生的学科增值评价分数，并进行详细的分类描述。

迄今为止，英国的学校增值评价仍是世界范围内推行程度最高、政府执行力度最大也最为成熟的增值评价技术体系。再加之以英国170余年来行之有效的督学制度，使得英国的学校增值评价成为众多国家研究和学习的典范。

二、美国：教育改革下的新选择

在美国，对学校成就进行评价的最早尝试出现在1845年的波士顿，并由此形成了一种传统，即运用小学生的测验成绩作为评价学校效率或教学方案的主要数据。进入科学管理观念盛行的20世纪早期后，学校教育领域也不可避免地追求标准化与管理效率。在这一时期，测量教师、学校及学校制度的效率的标准和测验等十分流行。规模较大的学区建立了专门的机构，编制算术、书写、作文等客观性测验来提高本学区的学校效率。20世纪30年代，泰勒开创了教育评价的历史，教育行为目标的测评成为美国现代教育评价和学校评价的主要内容。1958年《国防教育法》出台后，学生学业成就评价又成为新的焦点。

进入20世纪80年代后，美国的教育改革的重点是关注教学内容，制定严格的学术标准，并加强对学校的绩效考核。以1983年的报告《国家在危机中》的发表为标志，美国的教育改革明确提出将教育公平和教育质量作为两个相互融合的目标，要求建立高标准，用以提升学生学业成就、强化学校绩效；同时，加快管理体制改革，推动决策下放，将更多权力和责任赋予基层学校。美国一直没有统一的国家教育标准，各州制定的标准高低不同，依据课程标准组织的各州测试的成绩没有可比性。20世纪80年代以来，有观点认为没有统一的国家教育标准导致美国的教育质量滑坡，不能适应国际竞争的需要。美国教育界一直致力于建立统一的国家教育标准。1990年1月，老布什总统与各州州长制定了《国家六大教育目标》。为达到此目标，1991年4月，美国制定了《2000年教育战略》，明确提出在国家目标的基础上制定国家统一课程标准，建立全美统一的学业考试制度。1991年6月，美国设置了国家教育目标委员会。1993 年 10 月，美国众议院通过的教育改革法案《2000 年目标：美国教育法》赋予了国家教育目标委员会以法律地位。2002 年，《不让一个孩子掉队》法案首次要求各州必须在 2005—2006 学年实行 3～8 年级的英语、数学统一考试，并以考试成绩来衡量学校的教育质量。2010 年 3 月，美国发布全国统一课程标准草案，结束了课程标准在美国各自为政的局面。该标准吸收了美国各州及全球的课程标准经验，由教师、专家、家长、教育管理者等共同制定。标准编制的宗旨是确保高中毕业生为上大学和就业做好准备，并以国际标准为参照，确保美国学生在全球市场具有竞争力。

在美国，对学校绩效的测评经历了三个阶段。第一阶段：投入指标。如学校图书馆中的图书册数、师资水平等。第二阶段：以标准化测试为主的学生成绩考核。其缺点在于所反映的学生成就家庭、环境、社会和学生前期学业成就水平的影响，体现的是学校内部和外部多个因素多年来的累积影响，仅仅关注现在的学业成就水平，而不能将学校外部因素和学生背景等剥离出去，对于学校改进、提高教育教学水平的评价结论和政策建议是不准确的，并且对那些有较多的家庭经济社会条件不利的儿童的学校不公平。第三阶段：增值评价。增值评价被引入教育评价领域始于 20 世纪 70 年代田纳西大学的桑德尔（Sander）和里弗斯（Rivers）开发的田纳西增值模型，截至目前，在美国增值评价做得较好的是田纳西州、路易斯安那州和得克萨斯州等。1992 年，田纳西州最高法院要求学校的资助系统更加平等，田纳西州《教育改进法》要求州政府在增加教育经费的同时必须加强对教育结果的绩效考核。州议会认为田纳西州增值评价系统（Tennessee Value-Added Assessment System，TVAAS）是一个非常好的方法，要求充分利用此系统中正确的和可信的数据来计量学生学生成就的差距，并以学生学业成就为基础来评价学校和教育的进展，以及教师、学校和学区对学生学业成就水平的贡献程度。田纳西州将增值评价系统作为《教育改进法》的一部分，采用桑德尔的增值评价模型实施学校增值评价。[①] 在评价结果出来后，整个系统和学校的报告被公之于众，而教师的报告仅供教师本人、校

---

① 虽然增值评价方法都有共同的理论基础，但在美国的实践操作中仍存在不同的模型，如西北评价委员会的增长模型、Harold Doran 的达到模型（Reach）以及桑德尔的增值评价模型等。这些模型的主要区别在于在缺失值的处理、背景数据的分析、对测试误差的分析方法以及分析的单位等（如学校、年级或班级水平）上存在各自的要求和分析处理方案。为此，新美国学校机构（New American Schools，NAS）专门成立了一个小组，来组织增值评价方面的专家处理这个问题。

长和督学分享。田纳西州的增值评价系统所使用的数据基于田纳西州综合评价项目(Tennessee Comprehensive Assessment Program，TCAP)，在此项目中，所有的学校和学区都需要证明它们在国家标准的学生抽样测试中表现出来的进步水平。

田纳西州的增值评价系统最具参考和借鉴价值的是它在非测验领域内的应用。在将增值评价应用于教师评价时，田纳西州面临着一个难题：其增值评价系统仍然是以学生的学科测试成绩为基础，但一些不便于进行标准化测试的科目如艺术、体育等不能得到标准化测试成绩，对学前教育和小学低年级也不适宜组织纸笔测试，对负责这些科目和年龄段的教育教学的教师就不能组织开展增值评价。为解决此难题，田纳西州于 2011 年推出了学生成长档案袋评价模式，其主要做法是对学生学习表现进行过程记录，包括以下要素：①针对不同科目和年级制定学习成果评价标准，分为表现(表达或产出)、创造、反应与联系四个维度；②对照评价标准的四个维度，针对每一门课程提交代表作，用于证明其学习效果和达到的水平；③采用教师评价和同行评价相结合的方式，得到学生的成长分数；④基于学生的成长分数，进行学生和教师增值评价。田纳西州的学生成长档案袋评价模式不仅是在非标准化测试领域的有益尝试，而且因为更加多元化的评价主体、更加丰富的评价内容和更加民主化的评价方式受到了教师和学校的欢迎。①

随着《不让一个孩子掉队》法案的出台，推崇增值评价的人越来越多，其越来越受到教育工作者和政策制定者的青睐。《不让一个孩子掉队》法案要求以学生学业成就的达标程度作为评价学校绩效的依据，但在法案推进过程中，各地政府发现有关学校绩效责任制的评价方案对学校是不公平的，不利于本区域内教育公平的推进。其主要问题就在于：法案中是用学生学业成绩绝对达标线来要求所有的学校，对于生源较差的学校是不公平的，同时容易导致学校争夺生源、歧视差生等问题。2004 年，16 个州的教育长官曾给时任美国教育部长罗德·佩奇写信，要求在使用增值评价上给予一定的灵活性，以达到联邦政府的要求。与此同时，增值评价在宾夕法尼亚州、俄亥俄州等州的数百个学区推广实施。

奥巴马执政后，美国更加强调基于数据的结果导向(outcome-focused)问

---

① 岳伟：《从 TVAAS 到 Individual Growth：美国田纳西州增值性教师评价发展新趋势》，载《现代教育管理》，2019(9)。

责机制，主要包括教师所教学生的学业成绩增幅即增值评价结果、毕业生就业情况和留任率、毕业生和校长调查结果等，进一步加大和强化了增值评价推广应用的范围和力度。此后，路易斯安那州、得克萨斯州、俄亥俄州和佛罗里达州等州都将增值评价应用到教师评价之中。

2010 年，美国针对新一轮的基础教育改革方案向 40090 位公立中小学教师进行调查。多数受访者对《不让一个孩子掉队》法案所要求的评价办法感到不满，认为应以学生的学习水平和学习兴趣的高低作为评估教学工作的标准。[①]奥巴马认同《不让一个孩子掉队》法案的三个重要目标——高标准、教师问责、缩小教育水平差距，但他认为对未达到标准的学校所采取的政策是过于严厉和无效的，在现行的体系下，80％的美国学校都将被打上"失败"的标签，包括那些取得明显进步的学校。因此，他提出修改《不让一个孩子掉队》法案，要求各州为学生做好上大学和就业的准备而制定标准，并制定一个公平的学校绩效评价体系，充分考虑到发展和进步。2015 年，奥巴马签署了《让每一个孩子都成功》(Every Student Success Act，ESSA)法案，法案要求各州改善本州教育质量最差的 5％的学校、辍学率高的高中和任何群体的学生都表现不佳的学校，以保证所有学生都能达到目标。与此同时，该法案为各州和学区的教育者提供弹性选择，以得到符合本地实际的解决方案；各州和学区基于学校的改善情况构建有力的问责机制，对没有取得任何进步的低绩效学校采取严厉的和有意义的干预措施，以确保学生达到一个清晰的目标——每一个学生都要高中毕业，并为上大学和就业做好准备。在该法案的要求下，各州和学区在学校评价中都突出强调了学生进步和缩小学生成绩差距，所采取的方法就是增值评价。特朗普执政后，在教育领域推行"小政府"和市场化改革，主要是废弃奥巴马执政时期的共同核心标准(Common Core Standards)，动摇了增值评价的测评基础，同时大力推行市场化的择校政策。随着特朗普的 4 年任期结束，特别是学校绩效问责理念的深入传播，增值评价在美国将会得到进一步推广应用。

三、其他实践

新加坡教育部从 1992 年开始用学生的预期成绩和他们的实际成绩相比较以计算出学校对学生的作用，并从 1995 年开始奖励最好的 40 所学校。此外，国际学校增值评价比较研究也在很多国家和地区开展。例如，"国际学校效能

---

① 管克江：《"第一手资料"助推美国教育改革》，载《人民日报》，2010-03-08。

研究计划"(International School Effectiveness Research Project，ISERP)邀请挪威、美国、英国、荷兰、加拿大等国进行有关学校效能的国际比较研究，欲从国际比较的视角对学校的有效管理与教学进行系统性的深入了解及探讨，以期促进各国学校效能的充分发挥。

总结以上部分国家的学校效能增值评价实践，我们可以看出：学校效能增值评价有效地缓解了学校抢夺优质生源、校际发展差距过大的问题，并将推进教育公平与加强教育绩效、提高教育质量紧密结合起来。

第二节　增值评价的实证研究：以保定市普通高中学校为例[①]

增值评价是否适用于我国？对这个问题的回答不仅仅需要理论和政策分析，更重要的是用我国的调查数据开展实证分析。本节将引用作者在 2005 年的一项实证研究，论证在我国开展学校增值评价的实际结果和意义。

一、实证研究文献综述

虽然对学校增值评价的研究可以追溯到《科尔曼报告》，但事实上学校增值评价在近 20 年才成为一个热点问题。所有的学校效能研究都集中在两个问题上：①学校对学生的学业成就是否有可测量的影响？②如果有，产生这种影响的因素是什么？此类研究已有许多，差异大多在于数据、变量和分析方法的不同，其中比较有代表性的是经济合作与发展组织（OECD）成员进行的对发达与不发达国家和地区间学校效能的比较研究。虽然对一些研究结论还存在较大争议，但不容否认的是，学校效能研究正处于迅速发展阶段，越来越多的国家和地区希望借助它来促进学校改革和发展。

与一般的教育投入—产出分析模型不同，增值评价的主要特征表现为：以学生学业成就为评价依据，通过相关的统计分析技术将学校对学生发展的影响从生源、性别、民族等相关因素中分解出来，进而测量某一特定时间内学生的进步幅度，试图以此发现一些学校的学生是否能比其他学校的学生获得相对较大的发展。许多研究者采用增值方法对学校效能做了许多开拓性的研究。从国内学校效能研究的现状看，虽然 20 世纪 90 年代初期就已经有许多学者在跟踪和介绍学校效能研究的国际最新动态上做了大量工作，但在中国运用增值方法

---

① 本实证研究为中英"学校评价创新和改善学校教育质量的策略"合作研究成果，中方合作机构为中国教育科学研究院，英方合作机构为英国布里斯托大学。

对学校效能进行实证计量的研究还不多见，具体的增值评价实践也尚未正式开展。虽然在国家层面一直倡导创新学校评价体系，一些地方教育行政部门也认识到了传统学校评价存在的不足，但由于缺乏科学研究的支持、缺少可操作的实施方案，改革力度和效果不尽如人意。

正是基于此种背景，1996年，中国教育科学研究院与英国伦敦大学、布里斯托大学等开始共同进行中英"学校评价创新和改善学校教育质量的策略"合作研究。此项目虽进行多年，但因为数据样本的限制，并没有公开发表的研究成果。2005年，作者作为中方研究人员负责此项目年度研究工作，在各合作单位的积极配合下系统采集了相关数据，以河北省保定市普通高中学校为例进行了增值评价实践。

二、数据和方法

依据项目实施方案，所有数据均从保定市直接采集，其中包括90所普通高中学校2005年的高考和2003年的中考数据，另包括其中27所学校的学生问卷和学校背景问卷。

有关学生的数据包括以下内容。

(一)2005年学生高考成绩

根据分析需要，共分为六类成绩指标：文科总成绩(包括语文，英语，文科数学和文科综合)；理科总成绩(包括语文，英语，理科数学和理科综合)；所有学生的语文成绩；所有学生的英语成绩；文科数学成绩；理科数学成绩。所有的分数均采用标准化处理(平均分为0，标准差为1)。

(二)2003年学生中考成绩

依据高考学生信息，我们从保定市学生中考成绩库中提取相对应的学生中考信息。根据保定市要求，2003年中考共包含5门：语文，数学，英语，文科综合和理科综合。与高考成绩相类似，对所有的中考成绩也进行标准化处理。

(三)学生背景情况

为进一步分析学生背景因素对学生学业成就的影响，在对27所学校的学生的抽样调查中采集了学生背景因素，其中包括学生的性别、年龄、所学专业、课外辅导情况、父母受教育程度、家庭收入等共16项指标。

学校情况调查的数据包括学校所在地、大小、类型、级别、经费、办学条件、师资水平、校长情况等共19项指标。在分析中我们还生成两个变量：一个是学生的学习能力指标，它是基于学生的中考成绩总分，分为较高的25％、中间的 50％和较低的 25％三个等级，用于考察学生的不同学习能力和水平对高考成绩的影响；另一个是学校的学生成就水平，它是基于学校学生的中考平均成绩，分为较高的 25％、中间的 50％和较低的 25％三个等级，用于考察不同学校生源的差异对高考成绩的影响。

基于采集到的数据情况，为验证学校对学生学业成就的影响，我们建立了包含学校和学生的两种水平分析模型。与一般的多重回归相比，这两种水平分析模型考虑到了学校与学生之间的嵌套问题，它可以将学生和学校这两个分析单位同时纳入模型中去(Thomas，2003)，从而更加准确地分离出学校对学生的影响作用。同时，在本研究的分析中只考虑回归方程中截距项的分层变化，而不考虑回归系数变化情况。其基本形式如下：

$$y_{ij} = \beta_{0ij} x_0 + \beta_1 x_{1ij}, \quad \beta_{0ij} = \beta_0 + u_{0j} + e_{0ij}$$

y 为因变量，在本研究中为标准化后的学生高考成绩；x 为自变量，在本研究中既包括学生的中考成绩、性别等，也包括学校的经费、师资水平、办学条件等；i 为水平 1 单位，j 为水平 2 单位，在本研究中分别为学生个体和不同的学校；β_0、β_1 为固定参数项；u_{0j}、e_{0ij} 为随机项，且为正态分布，即：

$$E(u_{0j}) = E(e_{0ij}) = 0, \quad \text{var}(u_{0j}) = \sigma_{u0}^2, \quad \text{var}(e_{0ij}) = \sigma_{e0}^2 。$$

在模型计算中逐一引入相关变量，建立以下 6 个模型，以考察和比较各相关变量的影响。

模型 1：方程右边只有截距项，其可以作为参照模型，为下列模型的比较提供依据。模型 2：方程右边加入中考成绩，考察中考总成绩和各科成绩对高考成绩的影响效果。模型 3：方程右边加入学生背景变量，90 所学校数据中只有学生性别一项学生背景变量，27 所学校中有 16 项学生背景变量数据。模型 4：方程右边加入学校背景变量，90 所学校数据中有生成的学校等级变量，27 所学校中有 19 项学校背景变量数据。模型 5：方程右边加入中考成绩和学生背景变量，考察中考成绩和学生背景两个因素对学生学业成就的影响。模型 6：方程右边包括所有因素，将所有变量加入模型中作为自变量，考察和比较自变量回归系数的大小及变化情况。

通过对各模型的比较，确定最终分析模型。在所有模型的估计中，我们均采用 MLwiN 2.02 软件进行计算，所采用的回归估计的方法是迭代广义最小二乘法(Iterative Generalized Least Squares，IGLS)。

三、实证分析结果

采用 MLwiN 分析软件对数据进行统计处理，得出的分析结果如下。

（一）学校的教育教学差异并不是造成高考成绩校际差距的主要原因

与单纯依据原始分数评价不同，多水平模型下的增值评价能够直接反映学校的教育管理、校园文化等因素对学生学业成就的影响，而将学校自身不能控制的因素排除在外。将保定市普通高中学校按照其学生中考时的平均成绩分为三类，生源较好的 25％ 为第一类，生源中等的 50％ 为第二类，生源较差的 25％ 为第三类。分析结果表明：生源较差的学校的高考成绩明显低于其他学校，而生源较好的学校的高考成绩明显高于其他学校。进一步的实证研究发现：不同学校高考成绩的校际差距中，60％ 左右可归因于所招收学生在中考成绩上的差异，如果再将学生详细的家庭背景与学校背景因素考虑在内，80％ 左右可归因于此。[①]

因此，学校间出现教学质量的差距并不完全是由于学校自身教育教学水平差异造成的，也与学校的生源、经费、办学条件、师资等因素密切相关。而这些因素上的差距是历史和社会综合原因造成的，不应该由现在的学校来承担责任。

（二）在提高学生进步幅度方面，不同学校间存在明显差异

采用 MLwiN 分析软件对模型 6 进行计算，即将学生中考成绩、家庭背景、学校情况等相关因素对高考成绩的影响都考虑进去，可以得出学校效能排名。针对保定市高考的具体科目，我们可以计算出文科总成绩（包括语文，英语，文科数学和文科综合）、理科总成绩（包括语文，英语，理科数学和理科综合）、所有学生的语文成绩、所有学生的英语成绩、文科数学成绩、理科数学成绩的各学校排名。限于篇幅，本书给出文科总成绩和理科总成绩的 90 所学校的排名图，参见图 4-1、图 4-2。

图中列出了保定市 90 所普通高中学校按照增值大小排列的学校效能顺序，以及其增值分数的置信区间。图中虚线表示 90 所学校效能的平均值为 0；每一个三角形为一所学校，其上下两端的竖线为其置信区间。只有置信区间值完全在 0 值虚线以下的才表明其学校效能在统计学意义上低于平均水平，同理，只有置信区间值完全在 0 值虚线以上的才表明其学校效能在统计学意义上高于平均水平，置信区间值有交叉的表明其学校效能并无统计学意义上的显著差异。

---

① 文科、理科和不同学科在计算此项比例时结果各不相同，例如在仅考虑以中考成绩作为背景因素时，文科的比例为 59.7％，理科的比例为 57.3％；语文学科最低，比例为 43.9％；英语学科最高，比例为 64.1％。

从图 4-1、图 4-2 可以看出，保定市 90 所普通高中学校的文科成绩中，有 28 所学校效能低于平均水平，有 24 所学校效能高于平均水平；理科成绩中，有 25 所学校效能低于平均水平，有 17 所学校效能高于平均水平。

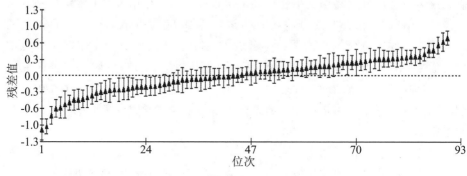

图 4-1　学校效能排名(文科)

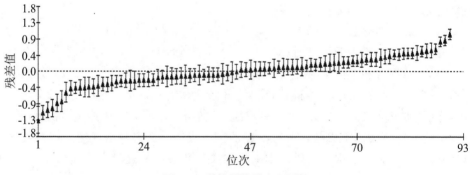

图 4-2　学校效能排名(理科)

(三)增值评价结果与高考分数评价结果存在较大差异

如上所述，模型 1 中没有考虑其他因素对高考成绩的影响，其计算结果只考虑高考成绩的学校排名。为比较增值评价结果与高考分数评价结果，将模型 1 计算的学校排序结果与模型 6 计算的学校排序结果进行比较，参见图 4-3、图 4-4。

从图中可以看出，90 所学校按照增值从低到高依次排列。而按照高考分数的排名与增值，对 90 所学校的评价而言，虽然两种评价方法产出的学校排名相关性检验中的斯皮尔曼系数仍然显著，但无论考察文科学生还是理科学生，有 1/3 的学校存在此种情况：采用原始分数评价时的学校排名与采用增值评价时的学校排名的差距在 20 名以上。

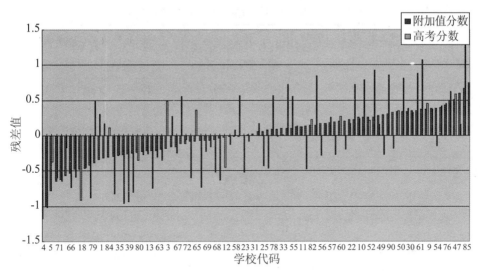

图 4-3　原始分数评价与增值评价的比较（文科学生）

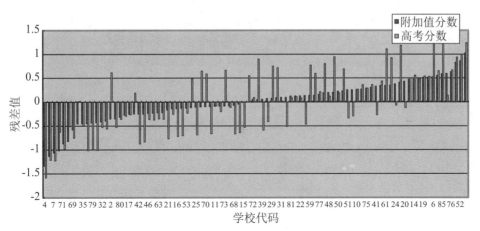

图 4-4　原始分数评价与增值评价的比较（理科学生）

（四）从总体上看，学校效能在不同学科间没有显著差异。但在具体学校、学科和专业上，不同学校具有不同的学校效能优势

计算并检验 90 所学校在各学科间效能的相关系数，可以看出学校效能在不同学科间显著正相关。在 90 所学校中，代码为 8、85、47 的学校在所有的学科上的效能都是相对稳定的，而学校 20 的文科效能明显高于理科效能；学校 52 的理科效能是最好的，但文科效能却一般。见表 4-1。

表 4-1　90 所学校中不同学科间学校效能相关系数

	文科	理科	语文	英语	文科数学	理科数学
文科	1					
理科	0.868**	1				
语文	0.899**	0.913**	1			
英语	0.890**	0.950**	0.895**	1		
文科数学	0.932**	0.802**	0.771**	0.794**	1	
理科数学	0.835**	0.953**	0.813**	0.869**	0.845**	1

注：在 0.01 水平上相关系数显著（双尾检验）

（五）从总体上看，学校在促进男生、女生以及不同学习能力的学生的学习提高上较为一致

按照性别和学习能力对学生分组，进一步考察学校对不同学生群体的效能差异。计算并检验 90 所学校中不同学生群体间学校效能的相关系数，结果表明学校在提高男生、女生以及不同学习能力的学生的学业进步幅度上高度相关，不存在分化和区别对待现象。见表 4-2。

表 4-2　90 所学校中不同学生群体间学校效能相关系数

学生分组	文科	理科	语文	英语	文科数学	理科数学
男生与女生	0.994**	0.993**	0.982**	0.979**	0.985**	0.993**
低能力与中等能力学生	0.767**	0.747**	0.895**	0.780**	0.787**	0.856**
中等能力与高能力学生	0.709**	0.881**	0.843**	0.709**	0.730**	0.929**
低能力与高能力学生	0.747**	0.699**	0.882**	0.816**	0.767**	0.834**

注：在 0.01 水平上相关系数显著（双尾检验）

四、讨论和建议

结合我国当前学校评价工作实际，以上研究结论可以给我们提供以下几点启示和思考。

（一）以增值评价为手段，促进学校均衡发展

从以上研究结论可以看出，与传统的仅用学生的考试成绩、学校的升学率

作为评价指标相比，增值评价用于学校评价能够科学反映学校教育教学工作绩效，有助于公平合理、科学全面地评价学校，促进学校特色建设与均衡发展。以上研究结论表明，60％～80％的校际差距是由学校不可控制的因素造成的，这些因素包括学生家庭的社会经济背景、学校资源的先天差距等。这一结论也被一些后续研究所证实，如丁延庆等 2006 年对昆明市公办高中的研究表明，学校的作用只占 20％～30％。[①] 如果学校评价单纯考虑学生的出口差距而不考虑学生的入口差距，对一些学校必然不公平。特别是在对普通高中学校的评价实践中，主要实行以学生高考成绩为导向的学校评价，以学校考上名牌大学的学生数作为考核学校工作的指标。这种过于简单化的评价手段必然导致学校走上以片面追求升学率为目标、以抢夺优质生源为工作重点、以换取资源倾斜投入为动力的非均衡发展道路，其最终结果是好学校越来越好、差学校越来越差的"马太效应"愈演愈烈。

实行以学校提高学生进步和发展幅度为目标的增值评价，将有效地引导学校从重投入到重过程、从重生源到重培养、从单纯注重结果到关注教育全过程。特别是对于那些各方面基础条件较差、长期得不到重视却仍然做出了大量工作的学校，增值评价能够充分反映出它们的努力程度，从而科学合理地体现每一所学校的工作绩效。

(二)建立增值评价指标，完善学校评价指标体系

虽然本研究表明增值评价结果与原始分数评价结果有较大差距，但对学校效能的增值评价并非全面否定现有评价体系，而是对现有评价体系的补充和深化。事实上，在分析中我们发现：真正的高效能学校在传统评价中也是好学校，在传统评价中较差的几所学校在效能评价中仍然是较差的。

在国外，增值评价指标也被作为一项重要的创新性指标加入到现有的评价指标体系中。在英国，由政府正式发布的学校评价指标体系中有三个主要指标：学生的缺课率；毕业考试的通过率；学校的增值指标。对这三个指标，教育主管部门可根据评价的需要各取所需。由经济合作与发展组织研制的教育系统国际指标体系也正考虑将增值指标纳入，以增强国与国之间学校效能比较的效度。与之相对照，我国学校评价指标体系存在的主要问题之一就是评价指标单一化，缺少对教育教学过程和学生成长的有效评价。因此，建立增值评价指

---

① 丁延庆、薛海平：《从效率视角对我国基础教育阶段公办学校分层的审视》，载《北京大学教育评论》，2009(4)。

标对完善我国学校评价指标体系具有很好的参考价值。

（三）以增值评价为导向，促进学校的特色发展

从本研究分析可以看出，增值评价不仅可以对学校的总体效能进行评价，而且可以评价学校内部不同学科、不同人群的效能。本研究分析结果也表明，部分学校在不同的学科上有突出的效能。如果我们进一步拓展效能的评价范围，还可以对学校的德育、管理等方面实施效能评价，从而更有效地引导学校多元发展、办出特色。

因此，增值评价不同于传统的鉴定性评价，不是用"一把尺子"去衡量所有的学校，而是强调学校自身的进步幅度以及其独特的效能表现。例如，有的学校可能整体效能不高，但对学习基础不好的学生有较好的教育效果，这就可以形成增值评价体系下的学校特色。

此外，从本研究分析也可以看出：增值评价将关注教育的重点从资源投入转到学校内部的教育教学管理，从学校硬件建设转到学生进步幅度。这种转变并不是偶然的，它一方面反映了当前世界范围内社会发展对加强教育内部绩效评价的必然要求，另一方面也有利于切实帮助学校提高效能、强化责任、实现科学发展。

第三节　增值评价的实践探索：两个区的实验研究分析

理论研究必须回归实践进行检验。为了进一步探索在我国推进学校增值评价的可能性和实施模式，2008—2010 年，我们选择了青岛市市南区和成都市青羊区进行学校增值评价实践研究。这两个区都属于经济水平和教育水平发达地区，教育面临的发展任务已经从规模普及过渡到追求公平和质量的新阶段。在此发展转型过程中，以公平和质量为导向的学校评价制度改革成为核心任务。

从两个区的实际出发，在坚持学校增值评价理念的基础上，两个区选择和设计了不同的实践模式：市南区的模式是将增值评价融入学校综合督导评估的模式，青羊区的模式是资源使用效率增值评价模式。

一、将增值评价融入学校综合督导评估的市南模式[①]

市南区把开展学校增值评价项目研究的指导思想定为三点：一是导向发展

---

① 摘编自青岛市市南区学校增值评价行动研究课题研究报告，略有修改。

增值，开发学校效能评价系统，推动现代化学校的观念革新；二是导向面向全体，建立全区学生发展性评价数据库，不让一个孩子掉队；三是导向全面发展，采集学生综合素质的标志性数据，基于品德、学业、体质、艺术素养等能力维度评价学生的发展状态。2007年年底，经过统筹设计，市南区制订了《"学校增值评价的行动研究"项目方案》，并从五个方面制定了项目研究目标。

第一，通过项目研究树立科学的评价观：转变用"一把尺子"衡量所有学校、学生的做法，引导教育督导部门、教育行政部门、家庭、社会各方面关注学校教育的发展性"增量"。第二，完善数据化、科学化的督导体系：建立学校、学生相互关联，信息丰富的数据库。第三，探索公正公平的督导评价方式：使用数据资源，探索科学的督导反馈方式，运用增值性结论考察学校的发展水平，诊断学校发展中的问题。第四，通过项目研究促成均衡提高的发展状态：增强区属学校自身的纵向发展和全区各学校均衡的整体提高。第五，通过项目研究形成科学高效的决策参考和正确导向：为政府促进学校发展的政策决策服务，也为社会、家长选择教育资源服务。

为保障增值评价体系的有序推进，市南区由政府牵头，以项目研究为动力，进行一场从教育观念到教育实践的整体性改革。在区域推进学校增值评价的过程中，从方案设计开始，把项目研究整合进政府公共教育管理体系，依靠行政资源提升研究效率，依托科研成果确保实践效用。

在市南区教育行政主管部门的直接推动下，增值评价的项目研究和实践在摸索中不断前行。2008年秋，市南区的学校增值评价数据库正式开始数据采集。市南区采取了以学生的个体发展为依据，采集学生综合素质的标志性数据，建立全体学生全面发展的全区一体化数据库的思路。

面向全体学区建立全区发展性评价数据库，不让一个孩子掉队。市南区建立了学生个体层面的数据库，采集1至9年级每个学生的发展数据，而不是各学校的平均数据。在数据采集中收录了很多生源信息，为全面掌握生源状况、教育影响做好了铺垫。每个学生的个体发展成绩每学年记录两次，分为四个层面：学生个体—班级—学校—区域。系统的监测点既有以学校、班级为单位的测量数据，也注重记录每一个学生的详细发展数据。对学校的增值评价从选定的三年级、六年级、九年级的学生发展数据展开。

数据采集导向全面发展，分成品德、学业、体质、艺术素养等能力维度，多元评价学生的发展状态。学业成绩小学收录语文、数学、英语三科，初中收录中考考试学科；以学科为单位细化到若干二级能力维度，如语文分为阅读、写作、基础知识等，便于透过数据更加细致地分析学生的学业能力和学习状态。品德、体质、艺术素养等方面按照国家有关要求设计描述性的统计项目，综合考虑实际教育效果。数据库中，共采集数据近百万条。

立足基础数据开展数据分析，对学科成绩以 2.5 分为分数段，分校、分班进行统计。对学科内各大题计算平均分，以反映学校、班级的总体教学质量。对各能力维度的分值进行分布统计，以反映学生在各能力维度的发展状况。同时，分三个群体来考量学生的学科能力状态以及学校的教学效能：其一，主体学生群体；其二，学优生群体；其三，学困生群体。主体学生指除学困生以外的学生，学优生指全区及各校综合及单项前 10% 的学生，学困生指全区及各校综合及单项严重落后于主体学生的学生。

试行学校增值评价，重建学校的效能评价指标，把增值评价的数据结论与纵向的考核学校发展效益、诊断学校管理业绩、投放教育资源等公共教育管理举措相结合，从数据增值走向教育增值，使市南区教育行政和督导部门监控教育质量、投放教育资源时的立足点发生质的变革，使市南区学校自我评价、改进和发展时的出发点发生质的变革，进一步为市南区的学生深入了解他们所置身的学校提供更加客观、准确、可靠的信息。

二、成都市青羊区学校增值评价行动研究[①]

青羊区增值评价行动研究的想法的起源来自对区域教育均衡发展的探究。在新世纪初我国提出义务教育均衡发展的目标后，如何促进区域内学校间教育均衡与全面发展的评价改革就被列入青羊区教育改革和发展的重点问题。然后，虽然关于教育公平的理论研究和国外的实践很多，但适合中国国情、易于操作的却较少，特别是涉及如何科学合理分配义务教育资源这一核心问题的实践很少。

国内现有的促进教育均衡化的主要模式存在不足，需要完善。标准化建设强调了政府的职责，忽略了学校自身的努力，容易导致千校一面。标准僵化容易造成齐头并进，且对资金要求较高。结对子、捆绑式发展容易成为政府把任务、责任转嫁给学校的借口，学校被动参与容易造成好的变差、差的不一定变好的问题。优势学校单向对外输血容易忽视自身问题，达人而不能达己。

---

① 摘编自成都市青羊区学校增值评价行动研究课题研究报告，略有修改。

基于资源分配公平的需要，青羊区采用增值评价的思想，构建了一套学校办学的评价指标体系。指标体系的建立可根据需要和现有基础数据的情况灵活设置，当前主要从办学条件和办学效益两方面进行评价（具体内容见表4-3）。

（一）办学条件

办学条件主要包括学校投入的人、财、物。见表4-3。

表 4-3　办学条件计算表

领域	项目	区平均	差距	去年差距	增幅
人	师生比				
	教师学历达标率				
	区学科带头人/教师总数				
	市学科带头人/教师总数				
	中级职称/教师总数				
	高级职称/教师总数				
	特级教师/教师总数				
财	学校可支配总收入/学生人数				
	生均公用经费				
	教师平均福利				
	教师人均业务进修费				
物	生均藏书量				
	生均校舍面积				
	生均操场面积				
	生均电脑数				
	网络教室间数/500 人				
	美术教室间数/500 人				
	音乐教室间数/500 人				
	……（其他专用教室）				

（二）办学效益

办学效益主要包括学生、教师成就和学校发展。见表4-4。

表 4-4 办学效益计算表

项目	区平均	差距	去年差距	增幅
学优生率				
学困生率				
巩固率				
学科考试成绩				
学生竞赛获奖人次/100名学生				
教师受表彰、奖励人次/教师总数				
教师人均论文发表数				
学科带头人、特级教师、中高级职称新增人数				
学生满意度				
家长满意度				
民管会满意度				
教师满意度				
……（其他）				

青羊区成立了领导小组，主要涉及教育主管部门的人事、财务、基建、教育、信息技术、督导等部门，还包括专家、民管会、学校代表。为了便于工作开展，由教育主管部门一把手牵头。基于各学校客观的数据统计与分析，在得出评价结果后公开发布信息。将学校间均衡状况和学校发展水平逐步向社会公布，使教育均衡和学校发展置于党政、社会和舆论监督之下，逐步向学校、民管会口头公布，逐渐过渡到向社会发表地方教育和学校发展白皮书。

基于学校资源分配的层面进行增值评价研究是第一步，更重要的是基于学生发展进行学校效能评价。青羊区建立了区域学校评价的基础数据库，包括三个：①学校办学条件（学校资产）基础数据库。主要考察学校占有的办学资源的数量。②学生学业成绩考查数据库。在小学阶段对全区各学校进行了集中调研考试。中学阶段每一个年级的学生均有考试成绩数据，其中七年级入校两周内就建立有语文、数学两个学科的初始数据。初中三个年级每学期有一次全区性的统一考试，包括了学生所学习的主要学科，其中七年级三科、八年级四科、九年级五科，均采用统阅的形式进行，保证数据的信度和效度。③设立青羊区教育人才管理服务中心，建立全区教育人才（教师为主）数据库。

2009年2月，青羊区对本学年度中学教学质量的目标任务进行分解。分解就是依据近三年的基础数据，采用增值评价的方法，综合多方考虑而进行的。学校对于以此种评价方式来分配资源均表示很满意，认为其更科学，也更有利于全区学校均衡发展。

近年来，随着增值评价理念的宣讲推广，越来越多的研究团队开展了相关实证研究，其中有代表性的成果如北京市区县的实证研究、基于江苏省某市43所高中中考、高考数据的学校效能增值性评价等。部分地方教育部门也积极推进增值评价的区域实践，例如：辽宁省引入增值评价服务系统，在全国率先启动大规模基础教育质量监测评价工作；天津市已经将增值评价结果正式纳入市区教学质量综合评价指标体系，形成了具有本市特色的较为完善的基础教育增值评价系统；包头市搭建了我国首个增值评价数据库和实时查询平台，实现了各学科、各阶段增值评价数据同级、跨级的横向、纵向比较，逐步建立起聚合跟踪学校、学科、班级、学生四个层面增值变化的数据大本营。

第五章　构建适应我国国情的
增值评价体系

学校增值评价在我国还是一个较新的学校评价模式，构建适应我国国情的增值评价体系还需要更为充分的研究和实验。需从我国教育发展实际出发，加强学生学业成就测评体系、监测体系、问责体系等建设工作，建立健全相关制度保障，以确保增值评价取得实效。

第一节　建立学生学业成就测评体系：学校增值评价的基础

现在常用的学校增值评价体系，都是以学生学业成就测评体系为基础的。也可以说，没有学生学业成就测评体系，学校增值评价就不可能得以迅速推广和普及应用。

什么是学生学业成就评价？朱智贤主编的《心理学大词典》对其的定义是：个人通过学习和训练所获得的知识、学识和技能。郑日昌主编的《心理测验》对其的定义是：经过一定的教学或训练所学到的，在一个比较明确的、相对限定的范围内的学习效果。戴海崎主编的《心理与教育测量》将其定义为：个体经过对某种知识或技术的学习或训练之后所取得的"成绩"，一般表现为个体心理品质在知识、技能或某种能力方面的增加和提高，是个体认识性心理品质的发展。这三个有代表性的定义并无本质区别，我们可以将学生学业成就评价简要概括为：学生通过系统学习后所取得的学习成果，表现为在具体学科学习中学会的知识、能力和养成的身心素质水平。

早在西周时，国学中的大学就设置了定期的学业考试。汉朝时的太学有了严格的考试制度，汉武帝规定一年一试，考试的方法有"口试""策试""射策"三种，通过考试者毕业时按成绩授予不同的官职。在我国历史上沿袭了很久的科举考试，是当时世界上规模最大、影响最广的由国家组织的学业成就测试。在西方，学业成就测评起源于20世纪初期，在此之前均是以口试作为学生毕业成绩考核的办法。美国著名心理学家桑代克（Thorndike）被誉为学生学业成就测验之父，他 1904 年出版的《心理与社会测量》介绍了心理统计方法及编造测验的基本原理，这是世界上第一本社会科学方面的测量专著。1908 年，斯通(Stone)在桑代克的指导下编制了数学测验，这是第一个标准化的成就测验①，开启了学生学业成就测评运动的新纪元。

虽然增值评价可以应用于任何具有信度和效度的教育测量数据中，但现行的增值评价实践更多地建立在学生学业成就测评的基础之上。不可否认，学生学业成就仍是当前社会各界关注和高度认可的评价指标。但我们的一些管理人员一听学业成就测评就断然否认，一听建立统一测评就担心被扣上应试教育的帽子，事实上这是典型的不敢面对现实的鸵鸟心态。反对应试教育、实施素质教育的教育评价改革不是考试与否的问题，而是如何考、考什么的问题。事实上，加强学生学业成就测评体系建设已成为许多国家和国际组织的共识，例如，美国的国家教育进步测评(the National Assessment of Educational Progress，NAEP)、英国的国家课程测评体系、国际教育成就评价协会(IEA)组织的国际测评比较、经济合作与发展组织发起的国际学生评价项目(the Programme for International Study Assessment，PISA)等，为世界各国的教育改革和发展提供了坚实的决策依据。

一、国外的学生学业成就测评简介

(一)美国的 NAEP 体系

NAEP 也被称为国家报告卡(the Nation's Report Card)，它是由美国国会授权进行的唯一全国性和持续性的对学生在学科领域的学习情况进行的评价。从 1969 年开始，它已经对阅读、数学、科学、写作、美国历史、公民、地理和艺术等学科进行了周期性的评价。

NAEP 是由全国评价管理委员会(NAGB)负责管理的。此委员会成员由教育部长任命，负责制定相关政策、评价规范和制定实施框架。成员包括政府官员、议员、当地和州的学校行政人员、教师、商界代表以及民众代表。NAEP对学科学业成就、教育教学、学校环境以及学生内部的不同群体间的学业成就差异情况等进行评价，可以分为三类：

1. 全国性的 NAEP

全国性的 NAEP 是对全国性和特定人群的学业成就进行测评，测评对象是公立和私立学校的 4 年级、8 年级、12 年级学生。这些测评是依据全国评价

---

① 陈国鹏主编：《心理测验与常用量表》，上海，上海科学普及出版社，2005。

管理委员会的规定进行的，并且采用了最新的测评技术。全国性的 NAEP 最早开始于 1969 年，在 1995 年之前是两年一次，1996 年之后改为年度性测评。

2. 州的 NAEP

从 1990 年开始，NAEP 评价在部分州开始推行。在 2003 年之前，通常评价 4 年级和 8 年级学生的至少一门学科。2003 年之后，要求对 4 年级和 8 年级学生每隔两年进行一次评价，至少测试阅读和数学两门学科。其测试内容与全国性的相同，但抽取的样本不同。

从 2002 年开始，对国家和州层面的公立学校进行联合抽样。它是根据 NCES/NAGB 在 1998 年的设计要求进行的，其理由是依据所有州的样本形成国家级别的样本，以减少测评工作的成本和负担。因此，国家级别的样本由所有参与的州的样本的一部分再加上没有参与的州的一部分样本共同组成。在 2003 年之前，参与 NAEP 的州是自愿的；由于《不让一个孩子掉队》法案要求接受国家资助的州必须参加阅读和数学的测试，2003 年之后，所有的州都参与了 NAEP。

3. 趋势性的 NAEP

趋势性的 NAEP 追踪国家层面的 4 年级、8 年级和 11 年级学生在科学、数学和阅读方面的长期趋势，在 1999 年进行了写作流畅性测试。

上述三部分的测试包括四个调查内容：小学和初中学生调查；学校情况和政策调查；教师调查；残疾学生和英语不熟练学生调查。实施 NAEP 以来，已有 12 个学科的超过 200 份报告发表，提供了丰富的学生学业成就、学习策略和学习经历的信息。在学习绩效结果的测评之外，调查的学生、教师、管理者和社区的基本信息也为教育政策提供了有力的支持。

(二)英国的学生学业成就测评体系

《1988 年教育改革法》是第二次世界大战后英国规模最大的一次教育改革，它第一次规定了义务教育阶段实施全国统一课程，要求 5～16 岁的英国在校学生接受国家课程。依据年龄，英国学生通常被划分为 4 个关键段(key stages)。见表 5-1。

表 5-1　英国学生的 4 个关键段划分

年级	学龄前	1	2	3	4	5	6	7	8	9	10	11
相应最高年龄	5	6	7	8	9	10	11	12	13	14	15	16
关键段	基础阶段	第一关键段		第二关键段				第三关键段			第四关键段	

在每一关键段，学生必须学习英语、数学、科学、技术设计、信息和通信技术、科技、历史、地理、艺术设计、音乐、物理、宗教等相关课程，并设定了各门课程相应的成就标准。对大部分课程而言，随着学生年龄的增长和知识的丰富，设定的标准从 1 到 8。在每一个关键段的最后一年进行国家测试，对学生学习的核心课程进行评价。按照学业成就标准，大部分 7 岁的学生要求达到水平 2，大部分 11 岁的学生要求达到水平 4，大部分 14 岁的学生要求达到水平 5 或 6（见表 5-2）。根据国家测试，可以对学生的学习成就进行独立的、基于国家标准的比较和分析。

表 5-2　英国学生的学业表现水平要求

年龄	7 岁	11 岁	14 岁
关键段	关键段 1	关键段 2	关键段 3
水平 8			（仅限于数学）
水平 7			
水平 6			
水平 5			
水平 4			
水平 3			
水平 2a，2b，2c			
水平 1			

注：

1. 低于期望水平	2. 达到期望水平	3. 高于期望水平

（三）国际教育成就测评体系

在当前世界范围内，IEA 和 PISA 是影响最为广泛的两大学生学业成就测评体系。从历史起源看，IEA 持续时间较长；从参与程度看，PISA 有后来居上的趋势。二者的主要区别在于：测评是以课程内容为标准，还是基于社会生活的能力需要？

IEA 是在第二次世界大战后发展起来的第一个世界层面的学生学业成就测评体系。1958 年，众多学者、教育心理学家、社会心理学家等在联合国教科文组织的会议上讨论如何改革学校和学生评估。他们认为，有效的评估不是仅仅考察学校的经费投入和办学条件，不能局限于教育过程，必须对知识、态度和学生学业成绩进行衡量。

IEA 的第一个研究是尝试了解教育成就调查的可能性，在 1959 年至 1962 年，对 12 个国家和地区的 13 岁学生的 5 个学科进行调查：数学、阅读理解、地理、科学和非口语技能。此后，IEA 组织进行了一系列学生测评活动。1985 年进行了作文研究以补充阅读理解和能力研究数据，1986 年进行了学前教育研究，20 世纪 90 年代进行了计算机教学研究。目前，IEA 广为人知的测试项目主要有以下几个。

1. 国际数学与科学趋势研究（Trends in International Mathematics and Science Study，TIMSS）

TIMSS 是目前最大的国际学生学业成就比较研究项目，其成功之处在于多年来的连续研究，并且将研究与教育政策制定者的需要相结合。1964 年进行了第一次国际数学研究，1980 年至 1981 年进行了第二次国际数学研究，第一次和第二次国际科学研究分别在 1970 年至 1971 年和 1983 年至 1984 年进行。由于数学和科学在许多方面紧密相关，并且许多国家和地区对学生在数学和科学方面的能力感兴趣，因此 IEA 将二者结合起来，于 1995 年完成了第三次国际数学和科学研究，45 个国家和地区的超过 50 万人参加了 5 个年级段的测试。自 1995 年起，TIMSS 每 4 年举行一次，2019 年共有 64 个国家和地区参加，在其官网上公开的国际数据库中可以查询下载 683000 名学生、387000 名家长、65000 名教师、24000 名校长的测评及调查数据。基于 TIMSS 的研究结果为教育决策和国际比较提供了有力支撑。例如，2002 年 IEA 启动了教师教育和发展研究（Teacher Education and Development Study，TEDS），引领了世界各国对教师在小学和低年级的中等学校（4 年级和 8 年级）的数学和科学教育中的贡献程度问题的研究和比较分析。

2. 促进国际阅读素养研究（Progress in International Reading Literacy Study，PIRLS）

PIRLS 是对学生阅读能力的测试，于 2001 年首次采集数据，每 5 年一次。2016 年共有 50 个国家和地区参加测评。

3. 第二次教育中的信息技术研究（the Second Information Technology in Education Study，SITES）

对信息和通信技术（ICT）的持续兴趣导致了 SITES，其目的在于调查研究信息和通信技术在数学和科学课堂教学和学习中的作用。SITES 模式 1（指标模式)有 26 个国家和地区参加,包括简短的学校计算机资源的调查、利用以及与教学过程的整合(小学、中间学校和中等学校水平),测试对象为学校的校长和信息技术管理人员,数据采集时间为 1999 年。SITES 模式 2(改革实践模式)是一个质性研究,致力于采用信息和通信技术发现教学法的改革创新实践,2001—2002 年,在 28 个国家和地区采集了 174 个案例。SITES2006 主要对校长、信息技术管理人员和教师进行调查,主要问题有:信息和通信技术在教育中如何利用? 它如何支持和加强教育教学实践?

4. 公民教育研究(Civic Education Study,CIVED)

CIVED 是国际上对公民教育进行的规模最大、最严谨的研究之一,涵盖了民主和公民身份、国家认同、社会凝聚力和多样性等内容领域。第一阶段的研究有 22 个国家和地区参加,已于 1996—1997 年完成。在 1999 年对 14 岁的学生进行调查,在 2000 年对中等学校的高年级学生进行调查。

5.21 世纪技能地图(21st Century Skills Mapping,21CSMAP)

随着教育变革和学习方式的创新发展,世界各国不再仅仅关注以知识为基础的课程内容,纷纷开展教育改革以赋予学生更多的技能,如批判性思维、沟通、决策、创造性思维和跨文化能力等。通常将这些技能称为 21 世纪技能,但对如何将这些技能纳入各国家和地区的课程仍没有达成共识。为此,IEA 从 2021 年起针对 4 年级和 8 年级学生进行 21CSMAP 国际调查研究。

经过 60 多年的发展,IEA 已成为学者、研究者和政策决策人员共同工作的独特网络。世界各国家和地区都借助 IEA 测评平台分析教育发展规律、总结各自的经验教训,以应对全球经济社会的一体化竞争趋势和挑战。在此发展过程中,IEA 国际教育成就评价也愈加成熟和完善,形成了较为系统的工作流程:确定研究的总目标、具体目标和可运作目标;确定研究的设计方案;确定目标群体;在每个国家和地区确定的群体中取样;试卷命题;数据搜集计划和实施;数据准备;数据分析;撰写报告。正是这一系列严格的程序要求确保了教育成就监测评价的科学性和权威性,对于教育质量的国际比较产生了不可替代的重要作用。

(四)国际学生评估项目

为满足国际上对学生成就比较研究的需要,经济合作与发展组织于 2000 年发起了国际学生评估项目(Programme for International Student Assessment,PISA)。与 IEA 组织的学业成就测评不同,PISA 测评是以能力为导向,即监测快要完成义务教育的 15 岁的学生对今天的知识社会的准备情况。PISA 测评的定位是:相比聚焦于学生对某项特定课程的掌握程度,它更加注重让学生利用他们的知识和技能来应对未来生活的挑战。与注重课程标准达标程度不同，它更加关注学生能够利用他们在学校里所学的东西来做什么。

第一次 PISA 调查在 2000 年进行，共有 32 个国家参加。调查内容包括阅读、数学和科学能力，其中又主要集中在阅读。另外，还在 25 个国家对学习态度以及自己对学习的管理进行了调查。此调查每三年重复一次，2003 年重点调查的是数学，2006 年是科学，2009 年又回到阅读。2022 年的调查内容是数学。PISA 的参与国家（地区）迅速增加，在 2018 年的 PISA 中，从 79 个国家（地区）的 3200 万学生中抽取了约 60 万 15 岁学生参与了测试。

PISA 监测体系也是采用多层抽样设计。在 2000 年的 PISA 中，从 32 个国家的 1700 万 15 岁学生中抽取了 25 万多名学生参加评价。另外 11 个国家（地区）在 2002 年进行了同样的评价。2000 年的 PISA 内容包括阅读能力、数学能力和科学能力三个领域，重点是对学习过程、概念的理解及在每个领域内的各个环境下的运用能力。此外，还在 25 个国家进行了学生学习态度的评价。

我国不是经济合作与发展组织成员国，但近年来我国对 PISA 测试也越来越关注。2010 年 12 月公布的 2009 年第四次 PISA 调查结果显示，首次参加 PISA 测试的我国上海地区的学生在阅读素养、数学素养和科学素养三项评价中均排在第一位，为我国基础教育改革和学业成就测评体系建设提供了很好的案例。2018 年，我国四省市（北京、上海、江苏、浙江）作为一个整体，取得 PISA 测试全部科目（阅读、数学、科学）参测国家（地区）第一的成绩。

此外，我国的诸多近邻也在积极推进学业成就测评体系建设工作。例如，为了保证中小学教育质量，泰国教育部通过课程设置与教学开发局（DCID）每年进行"学校学术审评"与"国家评价"。"学校学术审评"由地区教育办公室实施，并由督导管理部门组织监测；"国家评价"是由教育评价与考试服务办公室在课程设置与教学开发局领导下进行的。考试科目涉及科学、数学、社会研究、体育与健康及泰语，考试目的是评价和改进教育质量，考试类型有非认知成绩、个性、计算技能、能力、成绩、诊断、预测。印度尼西亚设有抽查性考试、全国性抽样考试、全国期中考试和教育质量评价。自 1976 年以来，教育文化研究开发办公室一直在进行教育质量的全国性评价。这一评价在 6 年级、9 年级、12 年级进行，每五年重复一次。总之，在经济社会发展越来越依靠教育和知识的当今世界，对学业成就测评体系建设的探索和实践也得到了越来越多的关注和重视。越来越多的国家和地区采用标准的、规范的学业成就测评程序和科学的工具收集到能够准确反映教育事实的资料，通过对这些真实、准确的资料的分析得到有价值的信息，从而更好地服务于提高教育质量、推进教育公平的教育决策需要。

二、我国开展学生学业成就评价的探索与实践

近年来，在我国建立学生学业成就评价体系的呼声越来越高涨。从发展的角度考察，对学生学业成就的关注和行动至少可追溯到20世纪90年代早期，其中最为引人注目的是1992年由国家教育发展研究中心和华东师范大学的研究人员合作主持的中华社科基金"八五"重点课题"义务教育质量指标体系研究"以及1993—1994年国家教委基础教育司组织的我国中小学生的学习质量评价、全国学生体质健康监测和国家义务教育质量监测等。

（一）义务教育学生质量调查与研究[1]

1992年，国家教育发展研究中心和华东师范大学的研究人员合作，主持中华社科基金"八五"重点课题"义务教育质量指标体系研究"，开展义务教育阶段学生质量现状的调查。调研组组织了全国11个省、自治区、直辖市的教育工作人员、科研人员，于1993年开展了大规模的调查测试工作。这次调查采取水平测试、典型调查等方法，调查了全国两万多名小学和初中毕业年级学生的学习质量状况。

调查对象包括义务教育两个阶段（小学和初中）毕业班的学生，样本总量为全国小学和初中毕业班的学生数的千分之一。采取分级分类整群随机抽样的方法。分级即分成三个层次：在全国一级抽取样本省（自治区、直辖市），在省一级抽取样本县，在县一级抽取样本校；分类即在第一层级中根据经济发展和义务教育普及程度分别抽取好、中、差三种类型的样本，以期尽可能反映全国的状况；整群随机抽样即在样本校中不是随机抽取单个学生，而是以班级为单位抽取，便于组织统一的测试。由于调研经费所限，各省（自治区、直辖市）均按自愿原则参加。抽样地区在分布上虽已覆盖了全国各大区，但不够均衡。由于各地投入的人力、物力不同，中部地区参加小学的测试样本和西部地区参加初中的测试样本都较少，不能充分反映该地区的情况。从抽取样本的总量来看，小学占在校毕业生数的0.076%，初中占在校毕业生数的0.095%，小学抽样数与要求有一定的差距。总之，这次抽样调查的面是很广的，但由于样本抽取缺乏严格的代表性要求，还不能完全据此推导出全国的现状。

---

[1]　谢安邦、谈松华：《全国义务教育学生质量调查与研究》，上海，华东师范大学出版社，1997。

调查内容主要是学生质量水平现状，同时了解教育设施状况、教学工作状况、师资队伍状况。调查方式以分科测试为主，配以必要的问卷调查。测试以笔试为主，辅以动手操作与听、说测试。此外，还有 8 项调查同时进行，共计有 21 个测试调查项目。如此全面的大规模调查研究是中华人民共和国成立以来的第一次，为制定我国义务教育阶段标准提供了科学依据，为形成我国义务教育质量监测评价制度提供了经验和工作基础，对推动我国义务教育的健康发展有重要的现实意义。

（二）我国中小学生的学习质量评价

1993—1994 年，国家教委基础教育司组织评价我国中小学生的学习质量，对 8 个省的 5 万多名学生进行大规模的调查，并在 1997 年形成《中国小学生学习质量研究报告》。调查内容包括语文、数学、生活技能。根据地理区划和经济发展状况，分为市区、县级市、非山区县、山区县，采用随机抽取起点并固定间隔的方法抽取样本校。调查工具与方法是：采用测试＋问卷调查，设计语文、数学、生活技能测试卷及学生问卷、教师问卷。

（三）全国学生体质健康监测

为了掌握我国学生体质健康状况的发展动态，从而为进行学校体育卫生方面宏观决策、改进学校体育卫生工作、客观评价学校体育卫生工作质量和效果提供科学依据，教育部建立了全国学生体质健康监测网络，从 2002 年开始，每两年对我国学生体质健康状况进行一次监测。每个省（自治区、直辖市）设中小学监测站 1～4 个，每个中小学监测站确定 4 所小学、4 所中学（其中城乡小学、中学各 2 所）作为监测点校。在每所监测点校内采用整群抽样调查方法选择学生作为监测对象，根据全国学生体质健康监测内容要求实施监测。

（四）国家义务教育质量监测

为了解全国基础教育质量情况，2007 年 9 月，教育部基础教育质量监测中心成立，负责全面实施全国基础教育质量监测，指导各地开展基础教育质量监测工作，推动全国基础教育质量监测网络的逐步建立。2015—2017 年，教育部基础教育质量监测中心组织实施了第一周期国家义务教育质量监测。监测以四年级、八年级学生为对象，分年度开展德育、语文、数学、科学、体育与健康、艺术六个学科的监测工作，并对各学科的课程开设、条件保障、教师配备、学科教学以及学校管理等相关因素进行测查。全国 31 个省（自治区、直辖市）（不含港、澳、台地区）和新疆生产建设兵团的 572314 名学生参加了监测。同时，监测还对近两万名中小学校长、14 万余名学科教师及班主任教师进行了问卷调查。2018 年，教育部基础教育质量监测中心发布《中国义务教育质量监测报告》，这是中国首份国家义务教育质量监测报告，对全国义务教育阶段学生德、智、体、美和学校教育教学等状况进行了全面分析，并对改进和提高义务教育质量提出了政策建议。此外，在北京、广州等地还开展了义务教育阶段学生学业成就、教育教学质量测评等活动，取得了较好的工作成效及宝贵经验。种种趋势表明，在我国开展学生学业质量监测已具备较好的工作基础。面向建设高质量教育体系的要求，探索建立有中国特色的学生学业成就测评体系是应该做好也必须做好的基础性工作。

三、建立适合我国国情的学生学业成就测评体系

当前，我们应该坚持以下基本理念、原则和条件，从我国国情出发，建立适合我国国情的学生学业成就测评体系。

（一）树立学业成就测评新观念

尽管我国在教育评价方面历史悠久，但对学业成就测评的研究却仍处于起步阶段。长期以来，我们对建立学生学业成就测评体系的争论集中在学业成就测评的存废问题上，而没有在学生学业成就的国际发展趋势、科学体系的建立、国民素质和教育质量的监控等高度上进行充分研究和实践。当前，在全国任何一个地方，若要推进学生学业成就测评，遇到的第一个问题可能就是：学生学业成就测评是不是就是考试？或者说是不是就是换了个说法的应试教育？这一问题的来由正是学生学业成就测评与应试教育的考试的对象都是学生，主要形式都是纸笔测试。因此，如果从形式上简单地将学生学业成就测评与应试教育的考试等同起来，学生学业成就调查就会被强行贴上加重学生负担的标签，这是根本不了解学生学业成就测评与传统的应试教育的考试之间的本质区别。概括地讲，这种区别主要表现为以下两方面。

第一，以促进学生发展为中心与以考试需要的知识为中心。学生学业成就测评与应试教育的考试的重大区别之处，并不在于学业成就在测评观念上的创新，而在于应试教育的老路已严重偏离测评和考试的本意。任何测评和考试的本意都是为促进学生的全面发展服务，而不是把学生变成应对考试的解题机器。学生学业成就测评是对学生通过学习获得的知识和技能的测评，是对学生在自然状态下的知识和能力的考查。应试教育的考试是以获得考试所需要的高分数为目的、以对考试所限的知识的短期强化记忆为特点的被动的和非自然状态的测量和评价。学生在应试教育的考试中无所谓兴趣、个性、专长，也就无所谓发展；而在学业成就测评中，学生是自然地呈现学习结果，是真实地表现

已掌握的知识和能力，是以诊断学习问题、促进更好发展为目标。

第二，面向全体学生与精英教育导向。学生学业成就测评是依据统一的教育目标或教育质量标准，对所有学生的学习结果和发展水平进行测评。在了解所有学生学业成就的基本情况的前提下，更重要的是诊断学生学习困难的原因，分析影响因素，改进学习策略和方法，促进所有的学生都能学会基本的知识和技能，达到社会生活需要的基本学业标准，其本质是推进教育公平。应试教育的考试以选拔和淘汰为基本目的，是强调少数学生获得成功的测评活动，对于考试失败的学生更多的时候是放弃，其本质是精英教育导向，是拒绝教育公平的。

从上述两个主要方面的区别来看，学生学业成就测评与应试教育的考试在目的和对象上都存在本质区别，而不在于是否采用考试这一测评方式。学生学业成就测评更注重经常性而不是突击性，强调知识和能力相结合的全面性而不是单纯的知识记忆和简单再现，将学生学业成就测评与应试教育的考试挂钩是错误的。

(二)坚持三项基本原则

1. 不针对学生个体原则

科学地认识学生学业成就测评的内涵，在实践中就是要防止其演变为全国性的中小学生统一考试，更要防止将其与小学升初中、初中升高中之类的选拔行为相挂钩，在组织实施上要坚持抽样调查的原则。如在全国范围内进行抽样测评，可参照国际上对抽样规模的要求组织实施。例如，在 PISA 测试中，对抽样规模的要求是：采用多阶段分层抽样方法，在每一个国家或地区至少需要150 所学校，总体上保证 4500 名学生参加测评，即可反映一个国家或地区的学业成就水平。在进行测评时，采用轮换测试技术，最大限度地减少学生的测评时间，以确保抽样测评顺利进行。

2. 核心课程、关键年级原则

将学生学业成就泛化为学生各方面的能力、知识、技能是不现实的。学生学业成就是学生全面发展的集中体现，应当坚持以情感态度价值观为基本内容维度与以能力发展为导向的测评原则。应当选取核心课程并在关键年级进行测评，在测评内容上减小对学校和学生的压力。美国的 NAEP 是对包括公立和私立学校的 4 年级、8 年级、12 年级学生进行测评，但每年测试的课程各不相同。PISA 也只对学生的阅读能力、数学能力和科学能力进行测评，每三年重复一次。

3. 服务于国家教育改革和宏观政策需要原则

当前，我们的教育政策还缺少教育质量的核心意识，还处于低级的单一维度的管理和决策水平。在改善办学条件、进行师资培训、加大教育经费投入时，我们没有一个可以用于监测和评价这些政策的效果的工具，也无从考察这些政策对学生发展的影响，甚至会出现好心办错事的情况。因此，我们应借鉴国外先进经验和做法，以促进所有学生学业成就进步为目标，为国家教育改革和宏观政策制定提供证据支撑。

(三)四项基础性工作

在积极熟悉和参与国际上的学生学业成就测评体系的同时，我们仍有必要建立符合本国需要的学生学业成就测评体系。从美国的实践来看，在做好国际比较的同时，从本国和本地区的教育发展需要、课程理念出发建立本国和本地区的学生学业成就测评体系仍是十分必要的。其中应该做好以下几方面工作。

1. 建立学业成就调查的法律保障体系

建议由全国人大立法，授权进行学生学业成就调查，组建由社会各界人士组成的国家级学业成就测评工作指导委员会，制定相关政策、评价规范和实施框架，负责主持全国学业成就测评工作，以保证其权威性和连续性。相关测评结果也向全国人大负责。

2. 建立相应的学业成就测评专业服务部门

建立国家层面的学生学业成就测评体系是一项系统工作，它在专业技术环节上至少包括三个方面：测试框架的制定及试题的编制、测试的抽样及组织实施、测试结果的数据处理和分析。不论 IEA、PISA 等国际学业成就比较项目还是美国的 NAEP，都是采用专业分工、技术外包的方式组织进行的。以 NAEP 为例，从 1983 年开始，其就通过合同、项目合作与一系列教育考试服务机构以及其他合作商进行合作：ETS 直接负责开发评价工具，分析数据和结果报告；Westat 负责选择学校和学生样本，培训测评管理人员和相关考务；NCS Pearson 负责印制和运输测评材料等。

3. 建立以省和学校为单位的二阶段分层抽样框架

在取样方式上，我们可以借鉴美国的经验，建立以省和学校为单位的二阶段分层抽样框架，全国 31 个省(自治区、直辖市)(不含港、澳、台地区)全部参加，在每个省内采用三阶段分层抽样。第一阶段是在省内抽取地区，将省内所有县(市、区)划分为若干层。可参考的分层指标有：行政区划(乡、镇、街道)；城乡人口比重，农业、非农业人口比重；社会经济发展水平；地理地形等。进行分层时，尽可能保持各层的人口数大致相同。在确定县级单位抽样后，根据各层人口数占本省人口数的比例分配各层应调查的样本数。参照PISA的抽样要求，为了确保测评的精度和准确性，要求在每一个省至少抽取150所学校，学校数量多的省被抽取参与测评的学校数量也按比例相应扩大。按照所在的特定区域的经济社会特点、教育规模等分层变量，将学校排序或者分层。第二阶段在学校内抽取学生，抽样单元是抽样学校的学生。一旦学校被抽中，从相应年级的所有学生的名单中简单随机抽取学生。

4. 研制科学的学业成就测评内容框架

没有学业成就测评体系，固然不符合教育发展的需要。但采用设计不科学、方法不完善、管理不规范的测评体系，则会得到不科学的结论，可能更不利于我们对学生学业成就的认识。当前，一些地方有进行学生学业成就测评的愿望，并进行了尝试。但不能回避的是：其测评体系的科学性和技术规范性尚待论证，没有科学的测评框架，还没有弄清楚究竟要测什么就仓促上马。建议由国家统一组织专业人员研制科学的学业成就测评内容框架，并作为国家教育质量标准体系的重要组成部分，颁布实施后在全国各地强制推广。

第二节　建立符合增值评价需要的保障体系

增值评价是基于数据和实证资料的评价，没有学校办学条件、经费投入与学生道德水平、学业成就、身心健康素质等方面的客观的、丰富的数据以及持续开展的相关监测，是不可能开展或做好增值评价的。

随着现代网络信息技术的发展，教育管理信息化水平明显提升。特别是近年来，新一代信息技术在教育领域的广泛应用使教育管理的精细化程度发生了巨大的变化。更好地面向每一个学生的全面发展，特别是建立基于每一个学生的发展的信息数据库，是实施增值评价的需要，也是加强教育管理、提高教育服务质量的迫切要求。

一、建立基于学生个体信息的基础信息数据库

增值评价是面向全体学生的评价，其评价的基本单位是每一个学生的进步幅度。因此首先需要建立基于学生个体信息的基础信息数据库，其中包含的内容主要有以下几点。

第一，学生个体的基本信息，例如，学生的姓名、年龄、性别、民族等。需要注意的是，在数据库中应为每个学生建立相应的唯一的信息识别码，以方

便数据库的连接、查询和管理。

第二，学生个体的发展信息。包括统一组织、具有良好信度和效度的多次学业成就测评的数据，以及学生的思想、体质健康、心理健康、社会参与等方面的发展水平信息。

第三，学校管理信息数据库。包括学校的办学条件、师资水平等信息，例如办学经费、生师比、教师职称结构、生机比、教学仪器设备金额等。这些指标都是影响学生发展的核心因素，在考核学校和教师的工作绩效时通过回归统计技术或类似方法对其加以控制，将其对学生发展的影响剔除出去，从而得出真实的学校和教师作用。

第四，与学校相关的社区基本经济、社会情况，例如学校所在的区县的财政收入、人口、地理环境等数据。这些指标对学校的绩效水平、作用大小都有着重要影响。

在当前的信息和网络技术条件下，建立上述基础信息数据库已不是一件十分困难的事情。20 世纪 90 年代以来，特别是进入 21 世纪以来，以网络化、多媒体化为主要特征的第二次信息革命更为广泛和深入地影响着全球经济社会的发展。为适应和推进这一历史进程，世界各国的教育都在做出前瞻性和战略性选择：加快信息化基础设施建设，积极采用新型信息化教育设备与技术，促进教育管理变革。在大力推进数字经济、建设数字中国的进程中，教育领域必须超前谋划、超前部署，加快教育信息化进程，积极应用下一代互联网、5G、大数据、物联网、云计算等先进信息和网络技术。由人社、公安、财政、教育等部门合作建设全国统一的学生信息系统，跟踪了解全国学生的教育经历、教育质量、终身教育和其他相关信息；建立全国统一的教师、校舍、经费投入等信息系统，为国家教育宏观管理和决策提供有力支撑，也为开展学校增值评价奠定坚实基础。

二、建立教育发展监测体系

教育监测是指在教育过程中对教育信息的动态和持续采集活动。与评价、检查等活动相比，监测活动除了具有法定性、真实性、科学性、可操作性等共性特征以外，还具有下列三个方面的特点。

第一，动态性。与现代社会发展相类似，在我国现代教育快速和转型发展时期，新问题、新情况不断出现，例如新形势下的"双减"问题、义务教育优质均衡发展问题、教育评价改革问题等。这些新问题、新情况缺少现成的法律和规章界定，也没有历史数据和资料积累可供分析参考。因此，对这些新问题、新情况的发展必须进行动态跟踪了解，以描述其发展路径，反映其不断变化的特点和发展趋势。

第二，持续性。教育监测是对特定的教育现象和问题进行持续观察、记录和反映，而不是临时的随意进行的行为。例如，在对辍学问题的监测中，必须分时间段、分年龄段、分区域多次调查和记录，才可能描述辍学现象的规模、时间、年龄和区域等分布特征以及预测其发展趋势等。

第三，抽样调查。基于动态和及时以及可持续进行的要求，抽样调查是教育监测的必然要求。只有基于有代表性的抽样调查而不是全面普查，才能确保教育监测在时间和经济、资源许可的范围内科学地反映总体情况。例如，在对教育质量的监测中，与传统的统一测试相比，质量监测以低成本的抽样测试为基础，设计合理的分时、分区域、分人群监控，从而推断学生的总体学习质量和发展水平。在监测的方法体系中，抽样调查必须遵循科学的方法，严格控制抽样误差，才有可能以样本数据来推断总体。

三、建立基于增值评价结果的评价问责体系

如何使用评价结果是确保评价体系健康运行的重要环节。好的评价结果会给予适当的激励以改进工作，不好的评价结果则会让被评价者无所适从或无所作为，评价的导向性、利害性正体现于此。在教育领域内，要基于增值评价结果建立与学校真实绩效相关的激励和问责体系，从而推进学校切实提高管理工作水平，保障学校的发展动力。

问责制度是国家政治制度和国家监督体系的重要组成部分，是衡量成熟法治国家的重要标志。建立并完善问责制度是建设法治政府、责任政府、透明政府的重要内容，也已成为包括中国在内的现代国家改革行政管理体制的基本目标。在问责体系中，加大对教育的问责力度越来越成为世界各国教育宏观治理的发展趋势。其主要原因就在于教育是世界各国公共财政中最大的支出项目之一，也是社会家庭最为关注的领域。发达国家通常将6%甚至更多的国民生产总值用于正规学校教育，并且这一数字仍在继续增长。在教育规模扩张、数量大发展时期，办学经费短缺、条件不足等问题往往是教育发展的主要矛盾，而办学质量不高、效率不高的矛盾往往被掩盖。在教育发展到一定阶段后，大家要求提高教育质量、提高办学效率和效益、建立教育问责制度的呼声日渐高涨。

在美国，要求学校提高教育质量、提高办学效益的呼声伴随公共教育发展的始终。每一次重大教育改革和发展的进程中，美国社会各界、国会等都要求

学校、教育管理者对学生的发展水平负责、对教育中存在的种种问题负责。《不让一个孩子掉队》法案中明确指出：增强学生学业成就责任制，将 3～8 年级学生在州年度阅读和数学评价中的表现与评判学校效率紧密结合起来，成功提高成绩的州、地区和学校将获得奖励，失败的将受到处罚。英国也是如此，中小学教育过去是地方教育当局和学校的事务，在地方教育当局控制学校课程设置的格局下，不仅使得学校课程设置变得五花八门，而且给教育督导检查增添了许多不便。督学可以对学校进行视察和督导，但没有办法对学校做出评判，更不可能通过学校间的比较来说出哪些学校更好、哪些学校更差。在这种情况下，英国提出对教育进行问责，其核心观点是：学校既然消费了公共资金，就应该向社会说明资金使用的效益和人才培养的质量。近年来，在人本主义思潮和新公共管理理念的影响下，"用户至上"的服务观念又渗透到国外教育管理之中。更好地服务"用户"——学生并让其满意，从而让更大的"顾客群"——家长、社会满意，成为学校的重要使命。更公开地办教育、更透明地展示教育成效的理念，极大地推动了教育问责制的不断发展和完善。

近年来，党和政府明显加强了问责制度体系建设，出台了一系列有关问责的法律、纪律规定，如《中国共产党党内监督条例》《中华人民共和国各级人民代表大会常务委员会监督法》《中华人民共和国公务员法》《中华人民共和国行政监察法》《中国共产党纪律处分条例》等，问责制度体系的基本框架已经形成。

在教育领域内，问责制度也正处在逐步发展和建设阶段。1985 年，在《中共中央关于教育体制改革的决定》中提出"上级考查下级都要以此（教育）作为考绩的主要内容之一"。1999 年的《中共中央、国务院关于深化教育改革全面推进素质教育的决定》、2005 年的《国务院关于大力发展职业教育的决定》，都提出了加强对教育政绩考核的要求。广东、福建、湖南、安徽、江苏、广西等地逐步对县级党政干部开展教育政绩考核。2020 年 10 月，中共中央、国务院印发了《深化新时代教育评价改革总体方案》，对政府、学校、家长和社会用人单位的教育职责提出明确要求。为进一步加强教育问责制度建设，仍需要在以下两方面加强工作。

第一，确定明确、简单、可操作的教育政绩考核指标体系。从教育发展的先进理念出发，将促进学生发展和进步的幅度的增值评价纳入教育政绩考核指标体系；建立以教育投入、教育公平、教育增值、教育质量为主体的教育政绩考核指标体系，全面、系统、科学地考察考核教育管理者和地方政府的教育政绩。

第二，建立科学、民主、开放的教育政绩评价机制。多方参与、共同建构的民主评价机制已成为现代评价体系的重要特征，在重视政府和教育系统内部的意见的同时，要广泛吸收社区、家长和学生的意见，更充分地考虑专家评议和社会意见征求之间的关系；评价体系要贯穿教育发展的全过程，问需于民、问计于民；将增值评价作为评价教育政绩的重要指标，积极引导社会和广大人民群众通过教育增值来正确认识教育发展。同时，建立以评价促发展的良性反馈机制，以评促改、以评促发展。

此外，还需进一步明确教育问责的法律法规依据、主体、对象、内容、程序和监督，以及各级政府的教育职责和职能分工；建立科学的责任分担体系和责任追究机制；加强各级政府及其教育行政部门、教育督导机构对下级政府及教育机构的行政监督，完善教育问责的实施和保障机制。

第三节　在我国建立增值评价体系的若干建议

综合以上内容，从我国国情、教情实际出发，本人对在我国建立增值评价体系、推行增值评价提出如下建议。

一、实施的范围

第一，以县（市、区）为范围推行增值评价。由于我国的基础教育实行"以县为主"的管理体制，县（市、区）负责区域内的基础教育管理，对中小学的评价主要是通过县级教育督导部门组织实施。因此，应考虑统一组织实施学校管理系统的可行性和可操作性，建议首先在县（市、区）范围内尝试中小学增值评价，条件成熟的地区可以在全市甚至全省范围内统一组织实施。建立了科学合理的全国抽样体系后，可以在全国组织实施统一的学校增值评价。

第二，为了服务于学校内部使用，建议首先在公办小学和初中开始增值评价。增值评价是对学校内部效能的评定，在我国还是一个新生事物，从敏感程度较低的公办小学和初中切入有利于及时积累经验、总结教训。

二、实施的步骤

第一，完善学生信息数据库管理。现有的学生学籍管理系统已给所有的学生生成唯一的学生识别码，以身份证件号码为主，加上学生所在学校、班级等信息，并在学校中建立基于计算机的信息管理系统，可以初步实现对学生在学状况的追踪了解。但需要注意的是，如何在全国范围内加强学生信息动态管理仍是一个难题，如何进一步拓展学生信息内容仍需要加以试点探索。

第二，建立统一的学业成就测评体系。依据实施增值评价的基本要求，建立一套严格的学业成就测评体系是基础。在遵循学生学业成就测评基本要求的前提下，各地应首先确定学业成就测评的基本思路：是基于课程标准还是基于能力标准来设计测评框架？其次确定学业成就测评的组织方式：是全面测试还是抽样调查？是所有课程还是核心课程？并应成立专门的测评工作组，负责组织测评、命题管理和实施测评等工作。每一个测试都应做到具有良好的测量信度和效度，并确保符合规模要求的学生参加。

第三，组织或委托专门机构，借助专业人员进行增值评价的计算和量化工作。增值评价具有一定的技术难度，特别是采用多水平模型进行增值评价时，需要有专门的评价技术人员负责整理测评数据、设计分析模型和实施统计分析工作。同时，需要有从事学校评价的专业人员对数据分析结果进行解读，结合学校实际分析学校取得的成绩、存在的问题和改进的策略。

三、采用的技术

第一，坚持"从易到难"的原则。建议优先采用简单的描述性统计方法，在只考虑入学成绩与现在成绩两个因素的条件下进行增值分数测算，并以此作为学校增值评价的依据。一方面简便易行，学校管理人员和教师等能迅速了解增值评价的意义和作用；另一方面也由于多水平模型的分析需要有专门的软件和专业人员，要大面积推行存在较大难度。在条件成熟的地区可以逐步过渡到简单的描述性统计和多水平模型并行，并最终完全采用多水平模型进行更深层次的增值因素分析。

第二，在同一区域范围内，建议考察不同学校、班级等单位的增值评价结果，分析影响其高低的原因。对高增值学校和低增值学校进行案例分析，得出影响学校效能的关键因素。

第三，充分利用现代信息、网络和计算技术，实现海量数据存储和运算，并保证增值评价结果的准确性。增值评价以个体信息为基础、信息容量大、数据字段多。同时，要得出学校效能的增值结果，必须进行海量数据计算。因此，要充分依靠现代科学技术，最大限度地将数据整理和计算过程程序化，提高增值评价的准确程度。此外，增值评价结果并不是一目了然的，为便于理解，往往需要借助计算机绘制示意图表，以生动直观的形式呈现增值评价结果。

四、结果的使用

第一，将增值评价作为学校督导和教育质量评价的重要指标。如前面所论述的，增值评价完全可以作为考核评价教育公平和教育质量的核心指标。各地在贯彻落实新时代教育评价改革总体方案的过程中，可以考虑实施学校增值评价，并将增值评价结果作为学校绩效奖励和资源分配的依据。对高增值学校分配更多资源，对办学基础差的、高增值学校要特别给予关注，从而实现对学校绩效的公平考核并真正促进区域内学校的内涵发展，推进区域内义务教育优质均衡发展。

第二，在适当的范围内公开学校增值评价资料，允许各学校自行查看本校增值评价情况。同时，可适当考虑公开排名靠前的学校的数据，包括其主要的学科增值情况，让其他学校比较借鉴其成功经验。在起始阶段，可考虑通过政府科研机构、政府委托的第三方机构等不具备惩罚效力的半独立机构发布评价结果报告，突出其理念和方法的引领作用，减少其行政权威的强制性。公布的结果虽无法直接用于问责学校，但可以起到有效的监督作用，引导社会公众等更加客观、理性地看待学校的办学质量和管理水平。

第三，必须正确认识增值评价的适用性和存在的不足。将增值评价用于正式的绩效评价之前，应采用更多的统计技术作进一步的数据分析，特别是要注意一些非典型的学校的增值评价结果的权威性。在决定使用增值评价结果时，要注意评价中所包括的学生最小规模、学生流动等因素，应充分考虑增值评价在年度间的连续性和稳定性。一般说来，公开增值评价结果应基于至少三年的数据。

第四，应将增值评价作为学校评价的重要补充。增值评价是对学校绩效的另一个评价视角，而不是万能的和唯一的评价指标。须切记，任何评价指标都只能解决某一方面的问题。增值评价强调横向比较的特点也是其缺点，它并不适用于达标性的评价。

第五，为了更好地服务于学校内部使用，在以学校为单位进行增值评价的同时，可以将增值评价中的多水平分析推广到按照年级、班级、课程、学科分类进行。对不同年级、班级、课程、学科的增值情况进行比较，可以在更微观的层面有效地发现影响学生学业成就的核心因素。这一成果更容易得到校长和学校管理者的重视，可以有效地帮助教师改进教育教学、进行自我诊断、促进主动发展。

五、增值评价实施保障

第一，营造实施增值评价的良好氛围。首先进行学校增值评价观念培训，努力促成校长、教师、行政官员和家长形成正确的学校增值发展观念；其次建立由各方代表组成的评价监督小组，监控增值评价体系实施效果并提出改进建议。

　　第二，满足物质、经费条件和人员保障。增值评价涉及面广、工作量大，需要有充足的工作经费和计算机硬件设施，聘用专业技术人员负责组织实施，并且一经实施就必须确保其工作的连续性。因此，应有专项工作经费支撑，并由专门的机构负责组织实施。

第六章　以增值评价促进教育卓越

"为了改进而评价"是评价活动的价值和生命所在。新中国教育经过 70 多年的发展，现在正处于从规模扩张向质量内涵转型的关键阶段。推进教育现代化、建设教育强国的核心任务是以学生为本，提高教育质量、促进教育公平。这也是改革学校评价、探索推进增值评价的历史使命和责任。

第一节　教育公平和质量：从对立走向融合的必然和挑战

推进教育公平是世界范围内教育发展的基本共识。教育公平作为社会公平和正义的基础和先行条件，一直是民主诉求、人权保障以及社会和谐发展的重点领域。但推进教育公平并不是自发进行的，不论人们对教育公平存在什么样的理解，在政策实践层面上，教育公平长期以来被认为是与教育质量相对立统一的矛盾体。教育公平与教育质量如同经济发展中的公平与效率一般，经常被置于要做出"二选一"的抉择的地位。20 世纪 80 年代以来，对教育公平与教育质量的关系有了新的认识，加强二者融合的趋势越来越明显，创造兼容公平和质量的卓越教育成为新的教育目标，美、英等国的发展历程和实践生动地证明了这一点。

一、相互交替的百年教育发展史——以美国为例

美国的教育公平与教育质量的交替关系表现得十分突出，在 20 世纪百年历程中，几乎每 10～20 年就会发生一次交替。教育公平与教育质量中，总有一方要取代对方成为教育发展的重点。

强调教育普及：美国公民教育之父贺拉斯·曼（Horace Mann）于 1848 年写道，教育超越了人类所有其他的手段，是人类条件的平衡器，即社会机制的平衡装置。美国的整个教育系统从 19 世纪下半叶到 20 世纪初最终形成起来，在第一次世界大战之后获得了相当大的发展。因此，美国教育史上称第一次世界大战之后这个时期为"扩充时期"。第一次世界大战结束时即 1918 年，密西西比州实现普及初等义务教育，至此，美国全国实现了普及初等义务教育。进

入 20 世纪后，进步主义教育运动迅速推广和发展。随着"科学管理"思潮和"社会效率"思潮的影响，以杜威为代表的"自由理论派"创造了一种新的教育哲学，认为教育具有统合、平等和发展的职能，教育的进一步发展和普及将带来社会的平等和改善。进步主义教育运动推进了公共中等教育的普及。

第一次交替：从强调普及转向注重质量。20 世纪三四十年代，要素教育和永恒教育流派主张加强天才教育，认为进步主义教育只顾及学校的扩张，教育质量严重下降。1957 年，苏联人造卫星升空对美国教育界产生了强烈震撼。许多人认为美国的公立学校体系没有对孩子进行严格的学术训练，尤其是在科学和数学领域。1958 年，美国国会制定的《国防教育法》宣称，国家的安全需要最充分地开发全国男女青年的脑力资源和技术技能，目前的紧急情况要求提供更多的且更适当的教育机会。美国的国防有赖于掌握由复杂的科学原理发展起来的现代技术，也有赖于发现和发展新原理、新技术和新知识。《国防教育法》提出致力于以新的政府财政和政府责任提高教育质量，由国库直接拨巨款帮助学校"加强自然科学、数学、现代外语和其他重要科目的教学"。

第二次交替：强调教育平等化。第二次世界大战后，为迅速恢复生产和发展经济，加之公司资本主义的扩张，社会白领劳动者进一步无产阶级化，少数民族和工人子弟对高等教育机会的要求突出，教育平等化要求又被重新提出。20 世纪六七十年代，政治因素使种族和机会平等问题取代了学业优异问题，"免费学校运动"爆发。这次变革的焦点是高等教育，要求高等教育大众化。在此背景下，美国高等教育迅速发展：1940 年全美有 1750 所高校，教职工 13.2 万人；1970 年全美高校剧增为 2850 所，教职工 255 万人；到 20 世纪 70 年代末，全美高校已上升到 3150 所。1947 年全美高校学生数为 880 万，1981 年达到 1232 万之多。20 世纪 70 年代末，美国高等教育已初步实现大众化。

这一时期，美国高等教育的大众化也带来了高等教育质量的下降，国际教育界有"世界上最好的大学在美国，最差的大学也在美国"的说法。此种情况也受到"技术决定，选优任能学派"的抨击，此学派认为社会首先是一个技术系统，技术是现代社会决定一切的因素，社会平等必须服从于技术效率，社会公平必须以效绩、才能为标尺，优胜劣汰就是平等，以效绩、才能取人就是公正。与此相对应，20 世纪 70 年代美国出现了"返回基础运动"，教育质量的提高再次成为主题。①

---

①　厉中平、陈东升：《中国教育两难问题》，173 页，长沙，湖南教育出版社，1995。

第三次交替：教育质量优先。20世纪80年代，在经济领域再次爆发了如同苏联人造卫星升空的冲击波，石油危机影响到美国在国际市场上的竞争力，美国政府在商业领域加强了干预，培养美国"人力资本"的教育体系受到众人瞩目，学业优异问题再次受到关注。从经济的立场上看，美国需要更加高质量、高标准的教育。为了适应当代社会不断变化的经济，不仅需要有技术、接受过良好培训的工人，还要求这些工人有创造能力、独立思考的工作能力。

20世纪80年代，教育公平和教育质量开始融合。1983年4月，国家教育优异委员会(National Commission on Excellence in Education)发表研究报告。18名委员会成员接受教育部的任命，展开为期两年的研究工作，提出了报告《国家处于危机中》(A Nation at Risk：the Imperatives for Educational Reform)。此报告一年内发行了600万份，是美国战后教育史上有着里程碑意义的重要文献。报告明确指出：我们并不相信致力于高质量教育和进行教育改革必须牺牲群众的强烈要求，即我国不同人口应享有公平待遇的要求。公平和高质量教育这一对目标对我们的经济和社会有着深远和实际的意义。无论在原则上还是实践中，我们都不能同意让一个目标屈从于另一个目标。[1] 1986年，卡内基教育和经济论坛"教育作为一种专门职业"工作组提出，应该"反对那种认为美国教育政策必须在质量与平等之间选择其一的观点。我们绝不能这样做，国家必须二者兼顾"。工作组还提出，"美国的大众教育制度是在20世纪初为适应大规模生产而设计的。如果不提高和重新制定教育质量的标准，不能在提高教育质量的同时注意提供教育的平等机会，这个教育制度将不会成功"。[2]

20世纪80年代后期，继教育改革的"第一次浪潮"之后，出现了更深入的学校改革——以校本管理、教师授权、教师职业化和赋予家长择校权等措施改革学校质量，这些措施促成了"改革运动的第二次浪潮"。小布什在首次宣誓就任总统后的第二个工作日即2001年1月23日，就制定了联邦政府关于美国教育改革的新政策。之后又公布了《不让一个孩子掉队》法案，法案序言中强调：如果我们国家不能履行起教育每一个儿童的职责，我们就可能在许多其他领域失败。但如果我们成功地教育了我们的青年，那么许多其他的成功就会在整个美国和我们公民的生活中随之而来。这个教育蓝图特别强调重视教育公平，要

---

① 国家教育发展与政策研究中心编：《发达国家教育改革的动向和趋势》(第一集)，北京，人民教育出版社，1986。

② 国家教育发展与政策研究中心编：《发达国家教育改革的动向和趋势》(第二集)，北京，人民教育出版社，1986。

帮助处于不利情况下的学生，并要奖励"不让一个孩子掉队"的学校。

奥巴马上任后，继续认同《不让一个孩子掉队》法案的三个重要目标——高标准、教师问责和缩小教育水平差距，并在改革学业成就测评体系的同时继续强化兼顾教育质量和教育公平的发展目标，要求新的学校绩效评价体系充分体现学校在提高学生成绩和缩小成就差距上的重要性，特别是在对低绩效学校的转变做出重要工作的学区和州。在允许各州和学区采用更为灵活的数据来体现它们的成就、进步和缩小差距的同时，要求各州确定5％的最差学校以采取更为严厉的措施，确保学生达到一个清晰的目标——每一个学生都要高中毕业，并为上大学和就业做好准备。

二、兼顾公平和质量——新中国的教育发展探索

中华人民共和国成立70多年来，新中国的教育发展在经历恢复重建之后走过一条与西方相类似的道路，即在追求公平和追求质量间徘徊。发展至今，确立了以兼顾公平和质量为教育发展的指导方向。

（一）确保普通劳动者的教育机会——"向工农开门"

中华人民共和国成立初期，我国小学入学率仅为20％。为了尽快恢复和发展我国经济，提高整个中华民族素质，党和政府提出改造旧教育，实行教育"向工农开门"的方针，坚持以广大工农群众为教育的主要对象，使绝大多数劳动人员及其子女都能享受教育的机会和权利。1958年，进一步提出试行两种劳动制度和两种教育制度，鼓励在全日制学校之外大力发展半工半读的学校教育制度和工厂劳动制度，兴办夜校、业余学校、函授学校等，更加充分地满足人民的教育要求。这一年，全国新建中学26000余所、新办高校800余所，很多省份决定在15年内普及大学教育。在此时期，教育的大普及特别是农村教育的普及和职业技术教育的大发展，增加了普通劳动者的受教育机会，但教育条件不足、质量低下的问题十分突出。

（二）加强重点建设，集中力量办好一批重点学校

虽然在中华人民共和国成立初期我国也曾提出办重点学校，但真正大规模推进是在20世纪80年代。"文化大革命"之后，加快教育事业发展步伐特别是面向现代化、面向世界、面向未来提高教育质量，增强教育服务社会经济建设的能力成为当务之急。在当时有限的国家资源条件下，集中力量办好一批重点学校成为必然选择。在1978年4月的全国教育工作会议上，邓小平指出：为了加速造就人才和带动整个教育水平的提高，必须考虑集中力量加强重点大学和重点中小学的建设，尽快提高它们的教学水平和教学质量。

1978 年 1 月，教育部颁发《关于办好一批重点中小学的试行方案的通知》，要求各地切实办好一批重点中小学，以提高中小学的教育质量，总结经验，推动整个中小学教育的发展。教育部首批确定办好的重点中小学共 20 所。方案要求全国重点中小学形成"小金字塔"结构，对重点学校实行重点扶持和优先倾斜政策。经过几十年来在经费投入、办学条件、师资队伍等方面的重点建设，当时确定的一批重点中小学都已成为现在的名校，为提高我国基础教育的水平和质量、向高校输送高质量的生源以加快高级人才的培养发挥了极其重要的作用，但其直接的后果是造成学校间差距拉大。随着经济和社会的发展、家庭子女的减少以及老百姓生活水平的提高，人民群众对高质量教育的渴求和接受更高层次教育的愿望越来越强烈，重点中小学更加受到社会的青睐，不少人甚至不惜代价要把孩子送进去，造成了愈演愈烈的择校热。

三、素质教育的提出和实践

20 世纪 80 年代以来，素质教育理念迅速推广，并成为具有中国特色的教育理论和实践创新，其基本内涵如下。

(一)面向全体学校

学校是学生学习、生活的场所，只有面向全体学校，而不是将学校人为地划分为重点、非重点，才能确保所有的学生得到平等的发展机会。因此，消除重点学校制度、面向人人办好每一所学校成为新时期教育改革和发展的必然选择。在诸多教育差距中，校际差距事关人民群众最关心、最直接、最现实的利益。不断缩小校际差距，保障不同学校的学生都能享有接受良好教育的机会，是办好人民满意的教育的重要标志。因此，面向全体学校必须要求充分发挥政府的主导作用，充分体现财政体制对公共资源均等配置的基本要求，以县为主，加大省级统筹力度，促进同一区域内同级同类公办学校办学条件均衡、师资水平均衡、教育投入均衡、教育质量均衡，切实办好每一所学校。

(二)面向全体学生

每一个学生都是国家未来的希望，都是社会发展的潜在动力。教育必须确保每一个学生都能得到充足的发展，成为社会需要的人才。当今世界的竞争是以人才为基础的竞争，国家的实力越来越依赖于人力资源的开发和积累。改革开放的伟大实践证明：正是由于教育优先发展战略的实施，培养出了数以亿计的高素质劳动者、数以千万计的专门人才，为社会经济建设事业提供了坚实的人才保障；正是由于坚持科教兴国战略、坚定不移地推进"两基"工作、加快高中阶段教育发展、扩大高等教育规模等政策和措施，切实保障了每一个学生的受教育权利，为提高民族素质、使我国由人口大国向教育大国转变奠定了坚实基础。

从保障人人受教育向人人享受良好教育转变，是当前社会经济发展的必然要求。在经济实力显著增强的同时，我国自主创新能力不强，粗放型增长方式仍未根本改变，教育的结构、质量仍不能适应现代社会经济发展的需要。虽然我国教育体系的规模是世界最大的，但国民受教育年限仍然偏低，良好教育的发展现状还不能满足人民群众日益增长的需求，与实现从扩大教育数量到提高教育质量、从教育大国到人力资源强国还有相当长的一段距离。

教好每一个学生，让每一个孩子接受良好教育，是法定的职责和义务。《教育法》《教师法》《义务教育法》都明确要求，教育要面向全体学生，对所有学生一视同仁，关心爱护全体学生，尊重学生人格，促进学生在品德、智力、体质等方面全面发展。

(三)促进学生全面发展

教好每一个学生是深入推进教育公平的具体体现，教育公平不仅仅是教育资源的均衡配置。在推进义务教育均衡发展、保障每一个学生享受大致相当的教育资源的同时，必须强调学生发展的结果公平，保障每一个学生都能学有所成，确保学生在离开学校时具备基本的知识、技能，奠定更高级知识、技能教育和培训的基础，具备健康的身体和心理素质，使学生学会做人、学会学习、学会劳动、学会创造、学会生活、学会健体、学会审美，成长为有理想、有道德、有文化、有纪律的社会主义事业的建设者和接班人，做好融入社会生活的准备。

从以上内容可以看出，素质教育是面向全体学校、面向全体学生的公平教育，也是促进学生全面发展的高质量教育。素质教育是中国在新时期兼顾公平和质量的时代选择，也是具有中国特色的教育发展新理念。素质教育的提出和推进实践表明，与世界教育发展趋势相类似，我国教育在经历公平和质量之间的摇摆后，逐步走上促进教育公平和提高教育质量相融合的发展道路。

第二节　以增值评价促进教育公平和提高教育质量

促进教育公平和提高教育质量是当今世界各国教育发展的共同目标，二者是追求教育卓越的两个维度，缺一不可。公平的教育应是高质量的教育，高质量的教育也应是公平的教育。每个学生都应有同等机会享受优质教育资源，在学校内都应接受好的教育。

要想鱼与熊掌兼得，实现促进教育公平和提高教育质量的融合，就必须打破传统教育制度的束缚。由于评价的导向作用，必须以评价制度改革引领教育改革和创新。评价不能代替政治过程，但所有评价工作都应有共同的目标，即通过评价的力量来改善社会环境，增值评价也不例外。实施增值评价的最终目的就是要促进教育公平、提高教育质量，保障每个学生都能得到充分的发展。

一、通过增值评价，确保学校关注每一个学生的进步幅度

促进教育公平和提高教育质量面临的不利形势和巨大挑战主要有以下几方面。

第一，学生学习时间较长、课业负担较重。2018年PISA测试指出，由中国北京、上海、江苏、浙江组成的四省市联盟虽然在测试中以阅读555分、数学591分、科学590分的成绩遥遥领先，但中国学生的平均学习时间为57小时/周，按照长短，在参测国家（地区）中排第2位，平均值为44小时/周。中国学生对生活的满意度（0～10）为6.64，平均值为7.04；表示"一直感到难过"的中国学生占11.4%，平均值为6.5%。这说明，我国学生在学习生活中的幸福指数相对偏低。此外，近年来农村流动人口子女就学问题和留守子女教育质量问题也成为社会关注的焦点。

第二，关注学生身心健康，肥胖、近视问题较为突出。2018年，教育部基础教育质量监测中心发布的《中国义务教育质量监测报告》指出，义务教育阶段学生肥胖比例较高。四年级男生肥胖比例为8.5%、女生为5.1%，八年级男生肥胖比例为8.5%、女生为6.2%。学生视力不良问题突出，四年级、八年级学生视力不良检出率分别为36.5%、65.3%。其中四年级女生视力中度不良和重度不良比例分别为18.6%、10.4%，男生分别为16.4%、9%；八年级女生视力中度不良和重度不良比例分别为24.1%、39.5%，男生分别为22.1%、31.7%。

第三，择生现象仍有发生。在教育教学过程中，与家长择校而学相对应的是学校和教师择生而教。虽然义务教育法明确规定学校不得分设重点班和非重点班，但事实上仍然有许多学校打着各种旗号分层设班，尖子生在校园内享有特殊地位，存在师资配置倾斜等问题。在部分学校中，学习成为少数学生的事，教师为少数学生而教。

面对这些问题，我们不可能再走教育质量和教育公平交替发展的老路。在

学校评价中必须引入新思路和新举措，确保促进教育公平和提高教育质量两个目标都要实现。在这些问题中，学校内部的择生现象尤其令我们关注。在许多学校择"优"生而教的同时，也出现了与此相反的新生事物：有的学校专门招收别的学校不要的学生。赞同者认为它是一个创举，是对传统的择"优"学校的否定和革命；不赞同者认为其将所谓的"差"生割裂于正常的教育教学环境，不符合基本的教育原则。众说纷纭，难见高下。

事实上，对择"优"学校和择"差"学校的评价背后反映出的是对学校在学生发展中的功能的评价。为什么人们对择"优"学校非议较多？一方面，择"优"学校扰乱了正常的社会办学秩序，违背了教育公平的社会理念；另一方面，在所谓的好学校上学的学生未必都能得到更大的发展，甚至会因为优秀学生扎堆而导致负效果。进一步看，无论是择"优"还是择"差"，都是偏离教育常态的办学行为。特别是在依法实施素质教育的今天，要求学校面向全体学生以促进他们生动、活泼、主动的全面发展。择"优"是人为制造教育不公，是长期以来教育非均衡发展的后果。而择"差"也是在非常态下的无奈之举，暂且不论其教育伦理的正当性，单就其有所谓"差生"的前提和预判，已与我们当前的教育理念相违背。因此，从关注"优生"到关注"差生"是进步，但还不够。

需要思考的是，难道我们现行的学校只能在二者间择其一吗？除了极少数的择"优"学校和择"差"学校外，还有大量的中间状态的学校，它们的办学理念如何定位？在学生学习基础存在客还有观差距、校际教育投入与办学条件等非均衡格局难以在短时间内消除的背景下，如何贯彻执行素质教育面向全体学生的要求？其具有可操作性的目标是什么？

成功的评价开始于清晰表述的目的，素质教育不应该成为一个理想目标。特别是在要实施素质教育评价时，如果我们不能制定切实可行的目标，而只是泛泛地谈一些原则性的目的，只能导致我们更多的争论，对于我们推进素质教育工作是大而无当的。正是基于素质教育评价可操作性的要求，应将每一个学生进步幅度的评价即增值评价作为学校推进素质教育评价的核心内容。学校不能选择学生，但可以选择欣赏学生的视角。学生无所谓"优""差"，只要有进步，就是好学生。同样，学校也不应分"优""差"，而应根据帮助学生进步幅度的大小来评价学校是否成功。

长期以来，我们缺少对学校增值作用的认识，缺少对学生个体进步幅度进行评价的实践。我们的教师总是依据某次考试成绩来对学生进行排名，在"一切为了升学，一切围绕升学"的压力下，往往只关心少数成绩好的学生而忽略大部分学生，即使他们在不断进步，只要没有被纳入可以升学的学生的行列，他们的成长和发展就得不到应有的尊重和鼓励。

我们应该通过实施增值评价来重塑学校的使命。学校的核心使命是教好每一个学生，确保每一个学生成功。每一个学生在进入学校时，都是满怀希望、充满自信的；而当他们三年或六年后走出校门时，却有相当部分丧失了学习兴趣、对前途感到困惑，学业失败的阴影伴随他们一生。学校必须认识到：每一个学生的背后都是一个家庭；每一个学生都是国家未来的希望，都是社会发展的潜在动力。学生的成功与失败，是事关和谐社会建设的大事。学校是帮助学生成长和发展的重要场所，它不能将每一个学生都培养成将军，却可以使每一个柔弱的生命变得坚强；它不能将每一个学生都培养成科学家，却可以让每一个好奇的心灵得到满足；它不能将每一个学生都成为社会精英，却可以为每一个进取的人生呐喊助威。教育必须确保每一个学生都能得到充足的发展，成为社会需要的人才。

二、通过增值评价，让教师在公平的评价体系中得到发展

任何教育改革都不能忽视教师的作用，推进教育公平、提高教育质量的关键因素是教师。教师工作的意义应该是教好每一个学生，其最基本的要求是让每一个学生得到充分的发展。发展不是仅仅指学习成绩的提高，它是包括学生身心健康在内的全面发展。每一个学生都是独特的，都在某些方面具有无限发展的可能；每一个学生都是自己的发展的决定性力量，在所有方面都可以不断进步。在教师的帮助下，学生发现潜能，发挥特长，获取新知，超越自我。

教好每一个学生，最突出的标志是让每一个学生都体会成功的快乐。积极主动的学习是学生自我发展的有效手段，学生在主动学习中体会成功的快乐，培养学习兴趣、进取精神和人生信心。优秀的教师善于寻找并欣赏每个学生的个体价值，杰出的学校管理必须以学生为所有工作的出发点，好的教育必须让每一个学生感到幸福和快乐。教好每一个学生，最根本的途径是尊重学生的个性，尊重教育教学规律。学生的发展必须因材施教，因人而异。对不同的学生提出不同的要求、采取不同的方法、做出不同的评价、提供不同的机会，营建人人可成才、个个能成功的教育环境和成长氛围。此外，必须将教师的专业化发展与学生的发展和进步相联系。教师必须尽量提高学生发展全程的价值，即精心设计与合理安排教育教学过程，提高每一个阶段、每一堂课对学生教育与成长的辅助作用。

在教好每一个学生的理念下，必须从确保评价公平的角度来重新设计教师评价体系。当前正在推进的义务教育绩效工资评价体系，就是一个很好的变革。

随着义务教育学校教师绩效工资改革方案全面推进，各地都开始组织实施教师绩效考核和评价工作。从实施教师绩效工资制度的本质看，在县域内是追求校际公平，主要是提高教师待遇，缩小教师与公务员的、城乡教师间的工资差距；在校内是要效率，通过绩效考核奖优罚劣、奖勤罚懒。因此，绩效考核是义务教育学校实施教师绩效工资制度的必然要求，也是绩效工资分配的主要依据。但在各地的实施过程中，普遍出现一个困惑：如何评价教师的绩效？教育部出台的绩效考核工作指导意见包括两大部分内容：一是法定职责，指教师履行法律法规规定的职责；二是工作职责，指教师完成学校规定的岗位职责和工作任务，包括师德和教育教学、从事班主任工作等方面的实绩。在实际操作中，法定职责是一种底线评价，一般情况下是一票否决性质的评价指标，其指标内容和评价方法是相对清楚的，而对工作职责的绩效考核长期以来都是教师评价的难点和热点问题。

仔细考察工作职责中各部分的内容要求可以看出，在评价实践中将面临四个主要问题。一是可操作性。例如，师德如何评？班主任工作如何评价？需要在评价实施体系中明确规定。二是公平性。影响教师工作绩效的因素很多，例如，教学效果往往与教师所教班级的生源情况有关，如果评价教师绩效还是以单一的最终结果为依据，而不考虑教师工作的努力程度，是难以服众的。三是现实性。在现实生活中，社会和人民群众对教师的评价仍然是强调其教学效果。如果我们简单回避社会现实需求，评价出来的结果难以做到让人民群众满意。四是科学性。教师工作绩效评价中，最常见的问题首先是缺乏可靠标准。以不相关或相关程度不高的标准来评价教师，容易导致不全面、不公正、不客观的结果。其次是评价主体单一，往往是领导一人说了算。或是多人评价，但经常导致议而不决，还是要靠更高层的领导来决定。

用什么来评价教师的工作绩效？有两种存在根本分歧的观点。一种观点认为教师与学生学业成就和发展无关，学生的学习成绩好坏、是否成才并不是由教师决定的，教师的工作绩效更多的是教师本人的修养、知识水平和教学技能，强调依据教师自身的专业发展水平来考核教师的绩效。另一种观点则认为教师有责任教好每一个学生，其决定学生发展。

事实上，这两种观点都是不全面的。对于不同生活背景的学生来讲，发展水平往往更多地取决于教师之外的家庭经济条件和社会环境。对于同样生活背景的学生来讲，教师的作用绝对是最重要的。就教师的绩效考核来讲，教师应该也必须与学生的发展水平相挂钩，将对学生发展的促进作用作为教师绩效评价的依据。

因此，应将兼顾公平和质量的增值评价积极应用于教师评价，坚持以每一个学生的进步幅度作为教师评价的依据。教师的使命和责任是帮助所有学生生动活泼、主动全面发展，其专业化发展不是脱离学生成长和进步的单向发展，也不是面向少数学生的片面发展。同时，通过实施增值评价确保教师公平发展。

三、以增值评价推进薄弱学校改造

近年来，中央和地方政府通过推进学校办学条件改造、教师继续教育、学校布局调整等工作，不断扩大优质公共教育资源规模、不断优化教育结构，教育质量持续提升、教育效益持续增加。但是，也存在优质公共教育资源分配不均的矛盾和问题，学校之间办学条件差距明显、师资水平差异显著、教育质量参差不齐，出现了与优质学校相对应的薄弱学校。薄弱学校的所谓"薄弱"主要是指学校办学条件差，教学场地和设施达不到国家规定的基本要求，师资队伍素质不高，办学质量不高，社会形象不佳等。在现有的学校评价体系中，薄弱学校无论如何努力，都无法取得与传统名校相同的成绩，在校长的绩效考核、学校工作的奖励表彰中不能得到公平待遇，极大地影响了薄弱学校管理者、教师工作的积极性和主动性。同时，也对身处其中的学生造成了较大的不利影响，他们被过早地贴上失败的标签，而不能得到更多的帮助以取得成功。

新修订的义务教育法明确规定，在义务教育阶段不允许将学校分为重点学校和非重点学校，学校不得分设重点班和非重点班。同时，要求县级以上人民政府及其教育行政部门应当促进学校均衡发展。为了确保不同学校学生接受公平的教育，必须消除薄弱学校，使所有学校达到国家办学标准，在义务教育阶段学校均衡发展基础上消除"高收费""乱收费"等不合理择校。在此背景下，如何通过评价激励学校发展，防止在学校均衡发展中出现"削峰填谷"或"低水平均衡"陷阱？特别是如何通过评价加强对薄弱学校的改造？面对这些问题，学校增值评价可以和应该成为一个较好的选择。

不以学校的绝对成绩而以学校对学生成长的增值作用大小作为评价尺度，能科学合理地评价薄弱学校的绩效大小，从而推进校际公平发展。一些原先因绝对成绩被认定为薄弱的学校，很有可能在增值评价中被评估为高增值的学校，这些学校的管理水平、校园文化、学习风气等反而应该是优质的和可示范的。

　　实施学校增值评价将会凸显生源的重要性，从而为推进薄弱学校改造争取更多的政策空间。学校增值评价研究表明，生源质量是学校教育教学质量的决定性因素之一。教育均衡发展的根本落脚点是学校间均衡发展，学校间均衡发展的核心指标是教育教学质量的高低。如果我们还是将教育均衡发展仅仅局限于资源配置的均衡，并将此确认为政府在推进教育均衡发展过程中的全部责任，是远远不够的。事实上，在许多地方已经出现了这样一种现象：新建或改建学校的办学条件、师资水平并不比传统名校差，甚至更好，但由于传统名校在生源选择上的优势，并不能从根本上缩小学校发展上的差距。因此，我们必须制定和实施群众认可的教育均衡发展的推进政策，必须将影响教育质量的核心因素之一——生源的均衡配置纳入政策调整的范围，坚持取消择校生和制止对生源的恶性竞争，出台限制学校择生行为的相应政策，纠正不合理的政策特权，真正为消除薄弱学校创设公平的制度环境。

参考文献

1. 边玉芳，林志红．增值评价：一种绿色升学率理念下的学校评价模式．北京师范大学学报（社会科学版），2007(6).

2. 杜育红，刘笑飞．学校效率研究计量方法的新进展．东北师大学报（哲学社会科学版），2007(4).

3. 范美琴，高柳萍．基于中考和高考成绩数据的高中学校教育教学效能增值性评价．中国考试，2019(10).

4. 关晶．追求公平与卓越：英国公立中学问责测度改革．外国中小学教育．2019(11).

5. 计思多．中小学学校效能增值性评价域外经验与启示——以英国兰开夏郡为例．教育观察，2020，9(31).

6. 李丽．关于小学生学业产出影响因素的实证探索——以北京市建华实验小学为例．硕士学位论文，北京师范大学，2005.

7. ［英］萨丽·托马斯，彭文蓉．运用"增值"评量指标评估学校表现．教育研究，2005(9).

8. 邵越洋，刘坚．增值评价：关注学校为每一位学生的成长助力．中国考试，2020(9).

9. 史静寰．当代美国教育．北京：社会科学文献出版社，2001.

10. 孙绵涛，洪哲．学校效能初探．教育与经济，1994(3).

11. 汤林春，梁玲玲．学校效能评价的尝试．上海教育科研，2005(4).

12. 王璐．英国教育督导与评价．北京：高等教育出版社，2010.

13. 辛涛，张文静，李雪燕．增值性评价的回顾与前瞻．中国教育学刊，2009(4).

14. 张煜，孟鸿伟．教育研究中的多层分析方法．教育研究，1995(2).

15. ［美］珍妮·H. 巴兰坦．美国教育社会学．李舒弛等译．北京：春秋出版社，1989.

16. 朱家存．教育平等：科尔曼的研究及其给我们的启示．外国教育研究，2003(12).

17. Coleman, J. S. , E. Campbell, C. Hobson, J. McPartland, A. Mood, F. Weinfeld, and R. York. 1966. Equality of Educational Opportunity. Washington, D. C. : U. S. Government Printing Office.

18. Deborah Wilson, Which ranking? The impact of "value-added" measure of secondary school performance, CIPFA, 2004.

19. Eric A. Hanushek, Conclusions and Controversies about the Effectiveness of School Resources, Economic Policy Review (March 1998), pp. 11~28.

20. Harvey Goldstein, Pan Huiqi, Terry Rath and Nigel Hill, The use of value added information in judging school performance, Institute of education university of London, 2000.

21. Jaap Scheerens, Cees Glas and Sally M. Thomas. Educational evaluation, assessment, and monitoring, a systemic approach. Swets & Zeitlinger publishers, 2003.

22. Jaap Scheerens, Improving school effectiveness, United Nations Educational, Scientific and Cultural Organization. , 2000.

23. James s. Coleman, Equality and achievement in education, Westview press, 1990.

24. Lesley Saunders, A Brief History of Educational "Value Added": How did we get to where we are? School effectiveness and school improvement, Vol. 10, No. 2, pp. 233~256, 1999.

25. Ren Chunrong, A Pilot Assessment on Secondary School Effectiveness in Beijing with Value Added Models. Project Report, 2001.

26. Russell W. Rumberger, GJ Palardy, Multilevel models for school effectiveness research-Handbook of quantitative methodology for the social sciences, 2004.

27. Russell W. Rumberger, Test Scores, Dropout Rates, and Transfer Rates as Alternative Indicators of High School-Performance, American Educational Research Journal, Vol. 42, No. 1, pp. 3~42, 2005.

28. Sally Thomas, Evaluation of RSSI Using Value Added Measures of School Performance. Final Project Report, 2001.

29. Yan Xijie, The Effect of Schools on College Entrance Examination Achievement, Project Report, 2003.

附　录

英国的学校督导评估指标体系①

英国的学校评价主要是依靠教育标准局的学校督导体系完成的。督导评估指标体系一直在不断发展变化。

一、学校全面督导评价指标(1992 年之前)②

一级指标	二级指标
校舍与资源	校舍；布置与展览；资源；图书馆
教学组织	灵活性；班组规模；学科教学时间分布；学科的相互交叉；特殊教育的组织
课程	办学目的与宗旨；课程设置；课程的相互联系；16 至 19 岁课程平衡问题；多元文化；对后进生的关心；机会平等
教学大纲与计划	教师对学生的要求；教学大纲；计划的形成
衔接与联系	幼儿园与小学的联系；第六学级与中学阶段的联系；中小学与师范教育的联系
人员、管理及领导水平	教师专业水平的发挥；教师的使用与调配；小学课程专家与顾问的配备；教研室领导能力；研究；与工商业的联系；教师管理；有关教师的改革与实验；教师发展；领导水平
学生管理的组织与活动，个性与社会教育	目的；人际关系；班级管理；个别辅导；出勤率；入学引导；家长与社区；早集会；课外活动；个性与社会教育；参与和主动性；忍耐与理解他人；职业教育与指导
教与学	幼儿教学；课堂教学的组织；具有挑战性的教与学；主动性与责任感；学习技能；课堂教学；语言发展；口头作业；阅读；写作；数学；家庭作业

---

① 参见王璐：《英国教育督导与评价》，北京，高等教育出版社，2010。
② 参见王璐：《英国教育督导与评价》，太原，山西教育出版社，1992。

续表

一级指标	二级指标
考试、评定与记录	考试；评定与记录；有目的的作业批改；初等教育的评定与记录；中等与中等后教育的评定与记录
特殊教育	普通学校中的特殊教育；特殊教育类型；特殊需求的发现与诊断；特殊教育条件；学习经验；教师之间的关系

二、1994 年中小学教育督导评价指标与标准

指标	评价标准与说明	
1. 水准与质量	(1)成绩水准：评价学生认知和理解能力以及目前所取得的成绩	①关键学段 1 之前(pre-Key Stage1)的学习范围；国家课程科目，包括成就目标和国家课程学科学习计划；宗教教育的课程大纲；16 岁之前或之后的其他课程考试的成绩和资格证书 ②学生听、说、读、写的核心技能；在数字和信息技术以及课程总体方面的能力
	(2)学习质量：在督导期间直接观察大量的课堂情况，评价学生学习质量的如右方面	①在知识、理解力和技能方面取得的进步，包括在听、说、读、写及数字工作和信息技术方面取得的进步 ②学习能力，包括观察力、理解力、交流和表达能力、提出问题和解决问题的能力、灵活运用知识的能力 ③学习态度，包括学习动机、兴趣以及专注、合作和有效工作的能力
2. 学校效能	(1)学校财政计划和管理的水平 (2)学校在人事安排、学习资源上和设施分配上达到学校目标以及与其优先发展权相匹配的效率和效能 (3)财政控制程序的效能 (4)学校采取的任何评价其资金利用率(cost-effectiveness)的措施	
3. 学生的个人发展和行为	(1)学生的精神、道德、社会和文化发展，通过观察学生的行为和与学生交谈评价学生	①精神发展。学校在多大程度上为学生提供了机会反思个体生命和人类的问题，比如通过文化、音乐、艺术、科学、宗教教育 ②道德发展。学校在多大程度上提高了学生明辨是非的道德判断能力以及学生对他人、真理、正义和财产的尊重意识 ③社会发展。学校在多大程度上培养了学生的社会适应能力、承担责任能力、首创精神和团队合作能力 ④文化发展。学校在多大程度上通过宗教、社会、审美和种族教育培养了学生理解自己和其他文化环境的能力

续表

指标	评价标准与说明	
3. 学生的个人发展和行为	(2)行为和纪律	①评价学生的态度和行为是否有助于提高成就水平，是否有助于有效的课堂学习，是否有助于提高学校生活质量，是否有助于发挥学校作为有序集体的功能 ②评价学校的规章制度是否有助于学生形成好的行为，是否有助于提高学校生活质量，是否有助于发挥学校作为有序集体的功能，是否有助于自律的发展
	(3)出勤：通过检查学校有关出勤的政策和其他文件、学校考勤记录与分年级和班级的考勤统计表、请假和旷课记录以及与学生交谈来评价	①学生的实际出勤情况：对于那些出勤率低于90％的年级或班级，督学应详细调查缺勤原因，并评价学校为提高出勤率所采取的行动 ②学生每天和每节课准时上课的情况
4. 教育质量	(1)教学质量	①教师对所教课程具有清晰目标的程度 ②学生对这些目标的理解程度 ③教师对科目是否有明确要求，课堂内容和教学设计的适宜性 ④教学内容是否促使所有学生都以适当进度取得进步
	(2)评价、记录和报告	学校评价、记录和报告能够全面而准确地描述每个学生在实现国家课程的成就目标与其他目标时所取得的成绩，评价工作的过程和结果对教师、家长和学生来说是可操作的、富有建设性的和有帮助的

续表

指标	评价标准与说明	
4. 教育质量	(3)课程	①课程的内容和范围。课程在多大程度上有助于取得更高水平的成就；是否反映了学校的目标，在广泛性和平衡性上是否适应所有学生的水平；是否符合国家课程和宗教教育的要求，课程内容是否满足学生的需求、兴趣和能力；是否为学生的成年生活作准备；是否进行了有效的组织；是否加强了课外活动 ②机会均等。课程是否为所有学生的能力发展配备了相应的课程进度，而不管学生的性别、能力、种族和社会背景的差异；学校是否满足《1975年性别歧视法案》(Sex Discrimination Act 1975)和《1976年种族关系法案》(Race Relations Act 1976)的要求
	(4)为具有特殊教育需求的学生所提供的教育	评价学校教育在多大程度上使具有特殊教育需求的学生以合适的进度发展他们的能力；在国家课程、宗教课程以及其他课程教育的广泛性和平衡性上是否适合具有特殊教育需求的学生的能力
	(5)管理与行政	①学校的目标和目的是否促进了学生的学习质量和成绩水平的提高，以及精神、道德、社会和文化发展 ②校董事会、校长和教职中员工否有效地执行了学校目标、小组目标和个人目标，并促进学校质量和成就水平 ③学校计划是否能有效地执行，是否制定了学校可达到的优势和目标 ④学校日常的行政管理和组织机构是否有效运行，校董事会、教职员工、学生和家长之间是否为达成共同的目标而建立了有效的协作关系 ⑤在校内外是否开展了有效的沟通或建立了良好的公共关系

续表

指标		评价标准与说明
4. 教育质量	(6)人事、学习资源和教学设施	①教师和教辅人员。学校是否拥有合格而有经验的教职员工以胜任不同课程、年龄和能力范围的学生的教学；对教职员工的招聘、安置、激励和奖励制度是否有效而高效；对人员的安排和对工作任务的分配是否促进学校总体目标的达成；是否为拓展教职员工的知识和技能作出有效的安排 ②学习资源。学习资源在促进所有学生的学习质量和达到的水平上是否充分、可用、合格，以及在课程中是否有效得到利用 ③教学设施。教学设施是否充分；是否得到有效使用；是否有特殊教育的教学设施；是否与学生的年龄和数量相匹配；是否可用
	(7)学生的健康和指导	评价学校确保学生幸福、健康和安全的程序的有效性；学校把握和满足学生学业和个人需求的措施以及课程和就业的指导；校董事会执行健康教育和性教育措施的有效性
	(8)与家长和其他机构的联系	评价学校是否积极地与家长、社区、业界和地方当局联系；是否定期向家长汇报学生情况；对学生工作经历安排的有效性如何；与其他学校的关系如何；利用关系提高成就水平和学校质量的程度如何

三、2007 年中小学教育督导评价指标与标准

核心指标	内涵	标准
1. 总体效能	学校教育和相关服务在满足所有学生需求方面的成效和效率，学校需要何种措施改善教育质量	教育的总体成效，包括所有特色教育和延展服务，学校的主要优缺点 进一步改进的能力 自上次督导以来学校改进措施的成效 为促进学生发展而与其他机构合作的成效 基础学段的成效 第六学级的成效

核心指标	内涵	标准
2. 成绩和标准	评价学生在达到挑战性目标包括资格与学习目标方面所取得的成功，学生随着时间的推移学生表现出的兴趣倾向，以及不同群体表现出的显著差异	学生作业的水准 学生相对于他们先前的成绩与潜能所取得的进步，不同学生群体表现出的显著差异 学生喜欢他们的学习与任务的程度 职业技能的获得 有助于学生社会与经济能力提高的技能发展情况 学生的情感发展、行为、出勤率 学生养成安全的行为习惯和健康的生活方式的程度 学生的精神、道德、社会和文化发展 学生是否对社区做出积极的贡献
3. 教育质量	教学、培训和学习的成效	教学或培训以及资源在促进学生的学习、满足所有学生的需求以及达到课程或研究计划要求方面的成效和程度如何 在制订计划和监督学生的进步方面，考核的适宜性和严格程度如何 对于额外学习需求的认定与满足 家长和监护人参与孩子的学习与发展的程度
	计划和行动满足学生的需求和兴趣的成效	在学生先前的成绩与经验的基础上，计划或活动满足学生需求、志向以及潜能的程度 计划或课程满足外部需求的程度以及对当地情况做出回应的程度 丰富的活动和（或）课外辅导有助于学生的兴趣和成绩提高的程度 教育在多大程度上有利于学生的个人发展和福祉，例如他们保持安全和健康的能力，以及他们在精神、道德、社会和文化修养方面的发展
	学生获得指导和支持的成效	为了保障学生的福祉、促进个人发展以及达到高标准所提供的看护、忠告、指导和其他支持的成效 向学生提供的有关课程与计划以及生涯规划方面的信息、咨询、指导的质量和可获取性

续表

核心指标	内涵	标准
4. 领导和管理	在提高成绩和支持所有学生方面的成效	将自评用于学校改进的成效如何 将挑战性的目标用于提高所有学生水准的成效如何 学校各个层次的领导者和管理者通过高质量的看护、教育和培训领导学校的改进以及促进学生的发展的成效如何 为了使所有学生的潜能得到发展，学校在促进机会均等和消除歧视方面的成效如何 教师队伍的质量如何，包括招聘和遴选教师的程序在确保学生获得良好的教学和保护方面的成效如何 特殊设备、学习资源以及校舍的满意程度和适宜性如何 为了达到价值最大化，在资源的分配与使用上的有效性与效率如何 为了促进学生的学习和发展，与其他教育机构、服务机构、雇主和其他组织在整合看护、教育和课外活动方面的合作成效如何，校董事会和其他监督委员会行使职责的成效如何

四、2019 年的督导评估指标体系

2019 年的督导评估指标体系主要以整体效能为核心，以教育质量、行为和态度、个体发展、领导与管理为关键性评价指标。

核心指标	标准
整体效能	1. 教育质量 2. 其他指标的评价结果 3. 学校安全

核心指标	标准
教育质量	1. 课程实施 2. 学生学习任务与课程目标的一致性 3. 学生跨学科综合性学习情况 4. 弱势群体学生学习情况
行为和态度	1. 学生间相互尊重情况 2. 学生学习态度 3. 学生自我管理和自律
个体发展	1. 学校为学生发展提供学生的支持力度 2. 学生特别是弱势群体学生因学校提供的发展机会受益的情况 3. 学校组织实施课程和课外活动的情况 4. 学校对学生品格、个性的影响
领导与管理	1. 学校促进教师专业发展情况 2. 学校领导与教职员工的沟通交流情况 3. 教职员工对学校福利的满意度

五、苏格兰地区："我们的学校如何？（2007）——学校自评的质量框架"指标体系

一、成功与成就

（一）我们取得了什么样的成就？

1. 关键的绩效产出

　　1.1 在绩效方面的改进

　　1.2 法定职责的完成

（二）我们在满足学区需要方面做得如何？

2. 对学习者、家长、监护人和家庭的影响

　　2.1 学习者的经历

　　2.2 学校在联系家长、监护人和家庭方面的成功

3. 对职员的影响

　　3.1 职员在学校生活和工作中的参与程度

4. 对社区的影响

　　4.1 学校在当地社区的合作成功程度

　　4.2 学校在更大范围的社区的合作成功程度

二、学校工作与生活

(一)我们提供的教育如何?

5. 教育的传输

　　5.1 课程

　　5.2 为了更有效率的学习的教学

　　5.3 满足学习的需要

　　5.4 对学习的评价

　　5.5 期望和对成就的激励

　　5.6 公平和正义

　　5.7 学习者和家长的伙伴关系

　　5.8 关心、福利和发展

　　5.9 通过自我评价来改进

(二)我们的管理如何?

6. 政策发展和计划

　　6.1 政策回顾和发展

　　6.2 在政策和计划中的参与

　　6.3 改进计划

7. 管理和对职员的支持

　　7.1 职员的充实、招聘和保留

　　7.2 职员的配置和团队工作

　　7.3 职员的发展和观点

8. 伙伴和资源

　　8.1 与社区、教育资助方、机构和雇主的伙伴关系

　　8.2 对资助学习的财政的管理

　　8.3 对学习资源和空间的管理和使用

　　8.4 管理的信息化

三、视野与领导力

我们的领导力如何?

9. 领导力

　　9.1 视野、价值观和目标

　　9.2 领导力和方向

　　9.3 发展中的人群和伙伴

　　9.4 改善和变化的领导力

六、苏格兰地区："我们的学校如何？（2015）——学校自评的质量框架"指标体系

1．领导和管理

　　1.1 自评和自我改进

　　1.2 学习的领导力

　　1.3 变革的领导力

　　1.4 团队领导和管理

　　1.5 资源保障与促进公平的管理

2．学习准备

　　2.1 安全和儿童保护

　　2.2 课程

　　2.3 学习、教学和评估

　　2.4 个性化支持

　　2.5 家庭学习

　　2.6 转换

　　2.7 伙伴关系

3．成功与成就

　　3.1 确保福利、平等和融合

　　3.2 提高成就和绩效

　　3.3 增强创新和就业能力

《绩效优异教育标准》学校评价指标体系

美国国家质量奖也叫马尔科姆·波多里奇国家质量奖（Malcolm Baldrige National Quality Award，MBNQA），是美国最高的国家质量和绩效优异奖项，1987 年由国会通过而设立，目的是为了提高人们对质量和绩效优异作为一种竞争武器的重要性的认识。

2000 年 4 月，国家教育目标小组（NEGP）举行全国性的电视电话会议，聚焦波多利奇的教育标准。会议的议题是"创建高成就学校的框架"，认为标准能够为所有教育工作者提供一个框架以及改进学校和帮助所有儿童达到高标准的策略。

2021 年《绩效优异教育标准》所注重的核心价值观包括以下 11 项内容：

1．系统观点（Systems Perspective）

2. 领导者的远见卓识（Visionary Leadership）

3. 以学生为中心的卓越［Customer-（or Patient-，or Student-）Focused Excellence］

4. 以人为本（Valuing People）

5. 灵活性和弹性（Agility and Resilience）

6. 有组织的学习（Organizational Learning）

7. 聚焦成功和创新（Focus on Success and Innovation）

8. 基于事实的管理（Management by Fact）

9. 社会贡献（Societal Contributions）

10. 道德和透明度（Ethics and Transparency）

11. 价值和结果传递（Delivering Value and Results）

在这些价值观的指导下，标准共分 7 类，评价项目和指标如下表：

附表 1 2021 年《绩效优异教育标准》学校评价指标体系

项目	指标
领导	高级领导
	治理和社会贡献
战略	战略发展
	战略实施
学生、受益者	对学生、受益者和市场的了解
	学生、受益者的关系和满意度
测量分析和知识管理	学校绩效的测量分析
	信息和知识管理
教职员工管理	工作系统
	教职员工的学习和激励
执行	以学习为中心的过程
	工作效率
绩效结果	学生学习结果
	学生、受益者关注的结果
	教职员工的结果
	领导和治理结果
	财政、市场和战略结果

标准中体现的所有这些过程，规定了一个复杂、整合、有效的管理系统所需具备的基本组成部分，其目的就是通过计划实施、监控、调整、改进、提高等步骤来保证学校达到绩效优异。

威斯康星州学校评价指标体系

威斯康星州公共教育部（Department of Public Instruction）公布了该州评价成功的学校的 7 个参考因素和相应标准。

第一，办学理念。包括办学使命、办学目标、办学原则及学校中长期发展规划等。

第二，领导能力。落实学校的办学理念、促进学校的发展与壮大需要一支高效率、有魄力的领导队伍，学校领导者的领导能力主要体现在能否最大限度地促进教育的公平与学生学业的优异。学校应当树立人人都是领导者、人人都为学生发展负责的理念。领导者与教师应了解、尊重、满足不同文化背景、不同生活经历及不同种族的学生的需要，为学生提供高水平的与其个体文化相关的课程，保证学生达到课程要求。领导者应保证为学校的正常运转提供必需的财力和物力资源。

第三，学生的学业成就较高。任何国家对学校教育进行评价时，学生的科学文化知识掌握水平即由各种考试所体现出来的学生学业成就都是衡量学校教学优劣的一个重要标准。教育是为未来社会培养建设者，知识是学生自我成长及促进社会发展的资本。及时、科学、准确地评价学生学业成就，可为学生本人及其家长、教师提供学习、指导与教学的目标和方向。

第四，学生的道德品质良好。教育的最终目的是使个体社会化，社会化包括两个方面：一是具有参与社会生活的能力，如健康的体魄、丰富的知识和熟练的技能；二是具有参与社会生活的品质，如良好的合作与沟通能力、平等与负责的生活态度等。因此，教育肩负着使学生成人与成才的双重使命。学生良好道德品质的养成是衡量成功的学校的又一条标准。美国学校的品德培养强调公平、正义、包容等政治理念的形成；鼓励学生自主、自立，关心他人，为社会做贡献，做民主社会的合格公民；突出学生判断能力、批判能力和冲突解决能力的训练。

第五，家庭、学校、社区的伙伴关系。中小学教育是一个浩大的系统工程，学生知识与品德的形成与发展绝不是学校教育能包揽的，家庭、社区在学生的成长中发挥着重要的影响作用。

第六，教师的专业发展水平较高。良好的师资队伍是学校成功的关键因素，教师的专业发展是学校可持续发展的保障。教师只有持续学习与发展，才能保证较高的教学水平，从而使学生达到较高的学业成就。因此，成功的学校的领导者必须为教师的专业发展提供充足的资源。

第七，收集信息。一所成功的学校必须对教师和学生的现状有充分的了解，这就需要收集与教师和学生相关的信息，如学生的学业成就水平、学生的家庭状况及其行为表现、教师对学校的看法等。通过信息的收集有利于了解学校的进步与不足，从而有的放矢地制定决策，促进学校进一步发展。

尝试以学校增值评价推进教育公平

教育公平问题已成为我国社会热点问题之一，缓解这一难题的关键在于学校均衡发展。除了要以政府为主导实现教育资源配置的均衡之外，以评价引导学校均衡发展是实现教育公平的有力手段和助推器。在科学发展观指引下创新学校评价体系，引导学校科学发展，促进学生、教师和学校的全面进步尤为重要。

一、增值评价：面向教育公平的学校评价新视角

美国一位学校评价研究者曾就择校问题向家长和教师提出四个问题。一是什么是一所好学校？家长和教师的回答是：学生考试成绩好的学校就是好学校。二是好学校大多在哪些地方？家长和教师的回答是：经济条件较好的地区，即富人区。三是一所由富人家庭的孩子组成的学校的考试成绩很好，这所学校是不是一所成功的学校（这个问题是针对教师的）？大多数教师做出了否定的回答。四是好的学校造就了好的学生，还是好的学生造就了好的学校？对这个问题的回答没有取得一致意见。事实上，这位研究者的四个问题充分揭示了学校评价中的价值分歧、理念差异。而"好学校"与成功的学校的内在本质区别，正是推进教育公平和学校均衡发展必须解决的教育发展观和评价观问题，即我们的学校应该成为什么样的学校？什么是一所成功的学校？

长期以来，我国的学校评价往往以中考、高考升学率的高低为标准对教育的最终结果做出价值判断，并以此作为衡量学校教育质量和奖惩教师的唯一标准。我国学校体系中的所谓重点学校与普通学校就是这种评价的结果。与教育公平和学校均衡发展的要求相比，这种评价存在的问题主要表现为：重视目标

达成度的终结性评价，强调结果而忽视发展过程，缺乏对投入与产出的效益比较，只考虑学校产出差距而不考虑学生"投入"差距，如学校生源质量、教育经费、办学条件、师资水平等方面的差异。在评价目的上，偏重教育评价的鉴定、筛选功能，而不注重教育评价的改进作用。

这种评价产生了诸多负面后果。首先是导致学校走上以片面追求升学率为目标、以抢夺优质生源为工作重点、以换取资源倾斜投入为动力的非均衡发展道路，从而形成一些所谓的"好学校"。实际上，这些"好学校"是以资源过度投入来换取办学效益的，而一些所谓的"差学校"在教育教学管理上取得的工作绩效可能更大。其次是挫伤了大多数学校改进其教育教学管理和教师工作的积极性。这种不公平的竞争的直接后果就是普通学校教育质量的下降和学生整体水平的滑坡，从而导致不同学生群体间的教育不公平。

面对客观存在的生源、资源差距等社会、历史因素，如何实现更为公平公正的学校评价？这一问题不是我国所特有的，许多国家对这一难题进行了积极的探索，而学校增值评价也正是在这种背景下产生并发展起来的。

美国教育评价专家布卢姆曾经指出，对于一所学校而言，教育必须日益关心所有学生的最充分的发展，学校的责任是寻找能使每个学生达到最高学习水平的条件。一所高质量的学校应该"能够使学生实际的学习进步大于根据其起点水平所可能取得的进步"，而这种基于学生进步幅度的学校评价正是学校增值评价的根本目的，即一所成功的学校是对学生进步有增值作用的学校。

增值评价的主要内容是以学生学业成就为评价依据，通过相关的统计分析技术将学校对学生发展的影响从诸多相关因素中分解出来，特别是强调控制生源因素对学生最终学习质量的影响，从而实现对学校教育教学效果"净"影响的评价。

增值评价的目的在于有效地引导学校从重投入到重过程、从重生源到重培养、从单纯注重教育结果到关注教育全过程。对于那些各方面基础条件较差、长期得不到重视而仍然做出了大量工作的学校，增值评价能够充分反映出它们的努力程度，从而科学合理地反映每一所学校的工作绩效，有助于建立科学的学校发展观，公平合理、科学全面地评价学校，促进学校特色建设与均衡发展。

二、增值评价：推进教育公平的国际共识

学校效能的增值评价起源于1966年的《科尔曼报告》。《科尔曼报告》中并没有提出学校效能的增值评价问题，但由于其研究结论引发了世界范围内

对学校作用的争论，直接催生了学校效能评价的出现。以《科尔曼报告》为起点，学校效能的增值评价研究自 20 世纪 70 年代以来在世界范围内逐渐发展起来。

英国于 1992 年开始在部分地区进行学校增值评价实践的试点工作，2002 年在全英格兰和威尔士推行学校增值评价模式，并将增值评价指标作为一项重要的创新性指标加入到现有的评价指标体系中。通过推行增值评价，有效地遏制了学校对生源的争夺，激励了落后学校从增值走向发展，推进了学校均衡发展。

美国的学校增值评价也于 20 世纪 90 年代在部分州内推广实施。1992 年，田纳西州最高法院要求对学校的资助系统更加平等，州政府在增加教育经费的同时也要求加强教育结果的绩效考核。最终，他们采用增值评价系统作为田纳西州教育改进法案中的一部分。随后，宾夕法尼亚州和俄亥俄州等 21 个州的数百个学区也将增值评价用于学校评价。随着联邦教育法《不让一个孩子掉队》法案的出台，推崇增值评价的人越来越多，其受到越来越多的教育工作者和政策制定者的青睐。《不让一个孩子掉队》法案要求各州每年对 3～8 年级的所有学生进行阅读和数学测试，对学生学业成就进行追踪监测，并将学生学业成就与政府对学校的拨款相联系，明确提出"通过高标准和效能核定来实现平等"。

此外，学校增值评价比较研究也在诸多国家和地区间进行，欲通过国际比较的观点对有效的学校管理与教学进行系统性的深入了解及探讨，以期促进学校效能的充分发挥。

三、增值评价：推进我国教育公平的有力手段

在当前建设和谐社会的进程中，以推进教育公平和学校均衡发展为引导、以增值评价为手段创新学校评价体系，是落实科学发展观的重要体现。在具体政策措施设计上，有以下几点借鉴和参考意义。

第一，面向所有学校，建立以增值为核心的学校评价新体系。

增值评价不同于传统的鉴定性评价，不是用"一把尺子"去衡量所有的学校，而是强调学校自身的进步幅度以及其独特的增值表现。它可以对学校的总体增值进行评价，还可以用于评价学校内部不同学科、不同人群的增值。如果我们进一步拓展增值评价的范围，还可以对学校的德育、管理等各方面实施增值评价，从而更有效地引导学校多元发展、办出特色。

第二，以新修订的义务教育法为指导，以效能评价推进薄弱学校和普通学

校发展。

与传统的重点学校相比，薄弱学校和普通学校存在办学条件差、教学场地和设施达不到国家规定的基本要求、生源不好、师资队伍素质不高、办学质量不高、社会形象不佳等发展困境。在现有的学校评价体系中，薄弱学校和普通学校无论如何努力，都无法取得与传统名校相同的成绩，在校长的绩效考核、学校工作的奖励表彰中不能得到公平待遇，影响了薄弱学校和普通学校工作的积极性和主动性。

新修订的义务教育法明确规定，在义务教育阶段不允许将学校分为重点学校和非重点学校，学校不得分设重点班和非重点班。同时，要求县级以上人民政府及其教育行政部门应当促进学校均衡发展。在此背景下，如何通过评价激励学校发展，防止在学校均衡发展中出现"削峰填谷"或"低水平均衡"陷阱？学校效能的增值评价是一个较好的选择。

第三，以学校效能的增值评价为起点，推进以质量为内涵的学校均衡发展。

长期以来，对学校的评价都是将学校的办学条件、学生的普及程度、师资队伍的建设作为核心内容，而忽视对学校工作绩效的督导评价。究其原因，一方面在于学校评价的重心还处于从教育数量化发展向教育质量转型的过程中，另一方面在于教育质量的评价是一个难点问题。我国现在的学校评价指标体系存在的主要问题之一就是单一化，缺少对教育教学过程和学生成长的有效评价。

增值评价将学校对学生进步的作用作为评价的核心，突出学校教育教学质量在学校功能中的中心地位。应借鉴国外经验，结合我国学校评价实际，尝试将学校增值指标加入现有的学校评价指标体系中，从而有效地将教育质量建设与促进学校均衡发展相结合，从评价机制上保障推进教育公平和提高教育质量的和谐共存。

（原载《中国教育报》，2006-11-15）

探索增值评价，我们在顾虑什么

2020年6月30日，中央全面深化改革委员会第十四次会议审议通过《深化新时代教育评价改革总体方案》，指出教育评价事关教育发展方向，要全面贯彻党的教育方针，坚持社会主义办学方向，落实立德树人根本任务，遵循教育规律，针对不同主体和不同学段、不同类型教育特点，"改进结果评价，强化过程评价，探索增值评价，健全综合评价"。

四个评价的提出，为未来一个时期深化教育评价改革指明了方向。从词义来看，除了增值评价是用"探索"之外，其余三个评价都指向"继续、完善"的肯定之义。这样的表述一方面是对四个评价各自发展历史和现状的精准把握，另一方面也可以看出：对于增值评价，我们当前推进的外部环境和客观条件还未完全成熟，从政府到学校再到社会各界还都存在一些顾虑。这些顾虑归纳起来主要有以下四方面。

一、增值评价会不会导致应试教育加剧

目前，我们能看到的国内外关于增值评价的应用和实践大多是基于考试分数。其主要目的是以学生学业成就为评价依据，通过相关的统计分析技术，把学校对学生发展的影响从诸多相关因素中分解出来，特别是强调控制生源因素对学生最终学习质量的影响，从而实现对学校教育教学效果"净"影响的评价。有些人据此认为推行增值评价就一定会增加学生学业测试，又会走上追求应试教育的老路。

有此顾虑的人可以说还没有真正了解增值评价的技术本质和价值理念。从技术上看，增值评价可用于任何内容的评价，既可以是考试成绩，也可以是道德发展、体质健康等内容。现行的增值评价大多表现为对学生学业成就的评价，是因为对学生学业成就进行评价相对更为容易。测评学生学业成就是学校管理和课堂教学的常规工作，同时也是政府、社会、家长、校长、教师和学生最关心的内容，但这并不意味着增值评价只能用于学生学业成就评价。如果能够对学生的道德发展和体质健康水平进行有信度和效度的测量，那么就可以运用增值方法进行评价。实施增值评价所需要的数据只需满足两个要求：一是要有针对前后发展的数据变量；二是必须以个体信息为基础。至于具体是什么领域的数据，则完全取决于评价的目标要求。

从更深层次来看，推进增值评价本质上是践行素质教育理念。增值评价是发展性评价的一种，其本质要求是关注过程、关注变化，并通过评价了解影响过程与变化的因素，推进评价对象的改进和发展。它强调以每一个学生的进步幅度来评价教师和学校的工作水平，与我国素质教育倡导的面向全体学生、促进学生全面发展的思想不谋而合，也正如陶行知先生所倡导的教育观："教育是什么？教人变！教人变好的是好教育。教人变坏的是坏教育。活教育教人变活。死教育教人变死。不教人变、教人不变的不是教育。"增值评价正是面向所

有学生考查其在学校期间的进步幅度，并且通过学生的变化来评价学校和教师的工作绩效，是对简单地以一次考试下结论的应试教育的直接否定。

二、增值评价能不能得到社会认可

评价是指挥棒，教育评价涉及学生、家长、学校和教师等群体，更是备受关注。近年来，诸多教育评价改革因为触及利益调整、对旧观念的颠覆，引发社会广泛关注甚至教育舆情事件，也让许多人对增值评价的前景打上问号。要彻底打消这方面的顾虑，必须依靠增值评价的成功实践。20 世纪 90 年代以来，英国、美国、新加坡等国家积极推进增值评价。近年来，国内也有一些地区和学校开展增值评价课题研究和实验工作。从国内外已有实践来看，增值评价至少具有以下三个突出特点。

其一，以学生的进步幅度作为教育评价的客观尺度。教育是培养学生的活动，学生的成长是一个连续的过程，因此，教育评价从基础意义上讲应该是对学生发展变化过程的客观衡量和价值判断。但升学率、优秀率等评价指标都是对教育活动结果的点估计，而不是对学生一段时期的发展起点和终点的区间估计。正是因为这种静态的、只关注结果不关注过程的特性，我们将对升学率、优秀率等的评价称为片面评价。与之相反，增值评价则是将学生一段时期的发展起点和终点同时纳入评价活动之中，以起点预测终点，以终点来计量超出预期的程度，从更为长期和全面、更加符合教育规律和教育本质的视角来评判教育活动的成效与意义。

其二，将面向全体学生的理念落地落实。教育评价活动中，长期以来关注两类人：一类是以升学率、优秀率为代表的评价活动所关注的对象，即所谓的"好学生"，评价的结果是学校之间争抢好生源，教师重点关注可能考出好成绩、考上好学校的好苗子；另一类是所谓的"差学生"，评价的结果是给这类学生打上失败者的标签，一些学校还极力把他们排除在各类影响学校成绩的考试名单之外。在这样的评价活动中，"面向全体学生"的理念在现实的教育功利面前往往沦为空谈。增值评价则是记录每一个学生的发展变化情况，将每一个学生的增值评价结果累加起来作为评价学校、教师的客观依据，在评价的伦理上实现了对每一个人的尊重，在评价的理念上贯彻了面向全体学生的价值追求，在评价的可操作性上实现了理论与实践的结合。

其三，为所有学校提供了公平展示办学水平的机会。什么样的学校是一所好学校？这一直是个说不清的问题，其根源在于是否能够公平公正地评价学校的真实办学水平。一所依靠抢夺优质生源、凭借教育资源的倾斜支持而取得好成绩的所谓名校是难以服众的，但传统评价方式却难以用客观的证据来呈现真相。与其他学校评价方式相比，增值评价可以通过技术方法对学校对于学生发展变化的影响作用进行量化分析，用数据来描述学校的办学水平和教育成效，使学校的办学目标回归到推进学生发展上来。对那些所谓的"差学校"，通过增值评价可以更加客观地评价其薄弱点在哪里。更重要的是对那些虽然生源弱、资源少但仍然努力工作的学校，增值评价可以真实地反映其工作绩效，让这些学校得到应有的公正评价，从而促进学校间更加公平、更为规范地竞争与合作，也有利于推进不同学校追求不同特色的发展模式和道路。

正是基于这三个突出特点，增值评价结果可以为政府、学校和社会提供多方面的数据信息和应用场景。第一，作为政府部门评价学校办学质量的重要指标。教育行政管理和教育督导部门可以将学校增值评价结果作为重要的评价指标，对学校的办学水平和教育教学质量进行有效监管和督导检查。第二，作为学校自我评价和自主管理的重要方式。依据对每个学生的增值评价结果，学校可以进行班级管理和教师绩效分析，并通过连续的增值评价数据对学校的改进和效能提升进行跟踪对比分析。第三，作为社会公众和家长了解学校教育质量的有效手段。通过实施增值评价可以清晰地看到一个区域内各个学校对学生发展的影响力的高低，社会公众和家长可以对学校的内涵质量、学生在学校发展的预期目标有更加全面的认识。

三、增值评价会不会"虎头蛇尾"

近年来，各种评价改革风起云涌，但大多是雷声大、雨点小，最后不了了之。那么，增值评价会不会也是"热闹一阵子，回到老样子"？笔者认为，决定增值评价能否持续推进的因素有很多，最关键的还是政府、学校和社会能否形成共识和合力。

其一，教育行政部门要增强推进增值评价变革的决心，制定实施兼顾教育公平和教育质量的评价政策。推进教育公平、提高教育质量已成为当今世界各国教育发展的共同目标，近年来学校评价指标体系的变革更是深刻反映了这一现实要求。例如，美国的蓝带学校评价是由联邦教育部于1982年提出的，其目的是为了评选全国办学最成功的学校。蓝带学校以兼顾公平和质量为理念，由各州向教育部提交候选学校名单。以各州提名的公立学校为例，须满足两个条件。一是要求关注弱势群体，参评名单中至少要有三分之一的学校满足此条件：学校内有不少于40%的学生为来自低收入家庭或移民家庭等弱势背景；二是强调学校的高质量标准，具体包括两个要求：一是学生测评成绩要好，例如学习成就在州内测试中名列前 15％；二是学生间测评成绩差距明显缩小，例如按学校类型分组比较，学生间测评成绩差距缩小的幅度在州内名列前 15％。只要满足这两项质量标准中的任意一项，可获得提名。这种评价导向值得我们学习、借鉴：如果各级政府旗帜鲜明地将增值评价的结果作为评价学校、教师的重要依据，那么就既能够鼓励学校提高办学质量，也能够更加公平地对待不同基础条件的学校，我们的学校评价、教师评价才更具正义性。

其二，学校要提高管理水平。对学校的评价必须依据充足的事实和材料，数据分析、相关人员的观点和直接观察是必不可少的手段。没有对学生在校生活的记录，对学校的教学、后勤服务等管理工作的评价就缺少可靠基础；没有学生的学业测评记录，也就不能对学生的学习进步进行有效分析。但我国教育管理基础从总体上看还较为薄弱，大部分地区和学校的教育管理还停留在粗放式、维持型的管理水平和阶段上，没有系统采集学生个体学习和生活的记录资料，也没有建立学校日常工作的信息化监管体系。这是当前我国开展学校评价时遇到的另一大障碍。推行增值评价需要学校抓好基础能力建设，以服务学生发展为中心，补短板、促整改，全面加强学校管理基础数据库建设、教育教学过程管理以及面向全体学生的发展档案记录等。

其三，社会各界对教育评价应有更大包容和更多理解。没有任何评价能够完成所有评价目标，增值评价也不能解决所有问题，只能通过对学生个体的测量评价学校、教师在学生发展变化中的作用。不同的评价指标如升学率、毕业率等仍然有其不可替代的功能，各指标相互关联、相互解释、相互作用，形成对学校价值和过程进行全面反映的评价指标体系。

四、增值评价是否会加重学校负担

有人担心增值评价是一种新的评价方式，需要学校投入大量的人、财、物，需要专业的评价技术人员，因此认为在当前大力推进减轻基层学校负担的政策要求下，推行增值评价是不合时宜的。这一顾虑主要与对增值评价的实施路径和方式不了解有关。

一方面，推行增值评价是有条件要求的。与现在常见的终结性评价方法相比，增值评价需要两方面基础条件和技术支持：一是建立学生信息数据库，为每个学生生成唯一的识别码，建立针对学生个体发展的档案信息；二是建立统一的学生发展测评体系，包括学生德、智、体、美、劳等各方面在知识、能力、情感维度的测评方案，以及工具和实施模式等。

另一方面，推行增值评价的条件已经基本成熟。近年来，随着教育大数据管理、建立学校统计台账等工作的不断推进，特别是教育高质量发展主题深入人心，关心每一个学生、关心学生发展的各个方面的教育理念已成为政策要求和生动实践，全国性的学生成长档案记录和学生学业、体质健康、艺术素养等质量测评工作网络已经建立，大部分地区和学校完全有条件、有能力推行增值评价。不具备这些基础条件的地区和学校，也正好可以借助推行增值评价的契机，引进更多相关资源，提高精准管理能力和科学治理水平。

至于增值评价的具体技术环节，如数据处理、评价分析、报告撰写等，则可以委托专门机构、借助专业人员进行。如果采用简单的描述性统计方法，在只考虑入学成绩与现在成绩两个因素的条件下进行增值分数测算，那么学校也可以在对本校教师进行快速培训后自己组织进行。

"为了改进而评价"是现代评价活动的价值和生命所在。在当前我国加快推进教育现代化的关键阶段，以学生为本、以增值评价促进教育卓越发展是探索更是机遇，是值得新时代所有教育工作者为之努力奋斗的共同使命和时代担当。

后　记

　　这本书的第一版写作起源于 2005 年到英国学习多水平线性模型时期，自此开始关注学校增值评价研究，完成于在北师大的博士后工作期间。其间 5 年多的学习、工作和写作，得到了王善迈老师的细心教诲和指导，还有众多老师、领导、同事、朋友和家人们的点拨、帮助和支持，虽在第一版致谢中一笔带过，10 年后重读于此，仍然感激万分。

　　10 年后的再版是意料之外的事，但似乎也有一些时代的必然，毕竟可为今天的评价改革起到一些鼓与呼的作用。但真正起决定作用的是北京师范大学出版社的领导们，特别是策划编辑鲍红玉老师，没有她的坚持和督促，也不会有本书的再版。

　　再版即是再现，虽然力求体现新情况和新发展，但因一些实证数据和案例不能适时更换，故继续沿用。尽管如此，略显过时的数据和案例揭示的问题和矛盾仍然存在于当下，并进而可见其长时间存在的巨大惯性。再版也是再见，10 年间，一些教育问题在发展中得以解决，一去不复返。学校评价改革迎来了 10 年前难以想象的大好形势和局面，但书中的文字显然不足以反映这一巨大的转变。

　　最后，仍然沿用第一版致谢中的祝福：感谢所有的读者朋友们，祝愿我们在各自的人生路上奋勇前行，以增值的视角确定我们的人生目标，不断超越自己。

2023 年 8 月